象棋入门与提高

刘锦祺 编著

象棋杀法运用

（升级版）

化学工业出版社

·北京·

图书在版编目（CIP）数据

象棋入门与提高：象棋杀法运用：升级版 / 刘锦祺
编著.—北京：化学工业出版社，2020.8（2024.11重印）
ISBN 978-7-122-37129-4

Ⅰ.①象…　Ⅱ.①刘…　Ⅲ.①中国象棋-对局（棋
类运动）　Ⅳ.①G891.2

中国版本图书馆CIP数据核字（2020）第092734号

责任编辑：史　懿　杨松淼　　　　　　　装帧设计：关　飞
责任校对：赵懿桐

出版发行：化学工业出版社（北京市东城区青年湖南街13号　邮政编码100011）
印　　装：涿州市般润文化传播有限公司
710mm×1000mm　1/16　印张16　字数222千字　2024年11月北京第1版第4次印刷

购书咨询：010-64518888　　　　　　售后服务：010-64518899
网　　址：http://www.cip.com.cn

定　　价：58.00元　　　　　　　　　　　　版权所有　违者必究

前言

由于职业的关系，经常有机会接触象棋教练以及学生家长。在接触过程中总容易被问到这样一个问题：下象棋怎样才能涨棋快一些？

这个问题笔者也曾经请教过职业棋手，很多特级大师和大师认为多做一些象棋杀法对提高棋手审局能力、计算能力是非常有帮助的，特级大师柳大华就经常在闲时拿一些杀法做练习，以保持敏锐的局面嗅觉。

说到这里，笔者想到幼时跟赵庆阁大师学棋时，赵老师经常用《适情雅趣》《韬略元机》的杀法让我们练习，通过钻研其中的杀法来提高棋艺。不只是笔者，很多象棋国手都是从学习杀法开始，产生了对象棋的浓厚兴趣，并努力提高棋艺水平的。

本书共分十章，第一章介绍象棋杀法的基本理论，这是本书理论的核心。第二至第五章介绍了单子类杀法、双子类杀法、三子类杀法和多兵种组合杀法，按"增子法"逐步增加进攻和防守子力，方便读者系统地学习这些杀法，这四章内容是棋手学习杀法的必经之路。第六章是缓杀内容，这章内容相较前几章难度更大，也更接近于实战。第七章讲解排局的学习，排局是象棋杀法的宝库，本章重点是指导读者如何有效地利用排局来练习杀法，熟练运用杀法。第八章讲解《象棋十诀》在杀法中的应用，是象棋攻防战术思想的指导纲要。第九章杀局分析通过大师实战，帮助读者把理论与实践相结合起来。第十章是杀法练习与闯关测试，供读者自测并检验对杀法的掌握程度。

本书既适合初中级爱好者自学，也适合棋类教师作为教辅材料使用。

本书在编写的过程中得到象棋大师赵庆阁老师、著名棋书作家杨典老师的帮助。此外，还得到张弘、王晔、阎超慧、范思远、韩冰、周军、宋国强、关俊茹、王征、李志刚、张中元、宋玉彬、林彩喜等老师的大力支持，在此深表谢意。

由于笔者水平有限，编写过程中难免有疏漏之处，请各位棋友指正。

刘锦祺

2020 年 5 月于锦州

目录

第一章 杀法基本理论

很多初中级爱好者，学习象棋已有一些时日，基本杀法走起来得心应手，但是在实战中却是入局无门，棋下得绵软无力，这是为什么呢？笔者认为，这是缺少对象棋棋理了解和运用所致。实践是检验真理的唯一标准，同时真理又会指导实践，这条哲学原理在象棋中也适用。

学习杀法，不仅要学习它的技术，还要学习它的理论。本章主要从象棋杀法四要素和杀法四律方面阐述象棋杀法的基本原理。这些基本规律将会很好地为实战指明进攻方向，解决进攻办法。

一、计算杀法四要素

具备精准的计算杀法能力是棋手的必备基本功之一，计算通常要从以下四个要素依次考虑，最后完成杀王的目标。这四个要素即棋路、层次、组形、展形杀王。这是任何一个棋手在实现杀王过程中不能回避的四个要点。

①棋路。棋路即算路。它是指具体局面下棋手计算时考虑的着法，这是对棋手计算广度的要求。

②层次。当某一棋路出现分支时就体现层次的概念。层次是同一棋路下不同分支着法的集合概念。

③组形。实战杀王的过程，就是组形的过程，这是对棋手计算深度的要求。

④展形杀王。完成前三个层次的工作以后，计算杀法的最后一步就是通过展开棋形完成对对方的最后一击，达到杀王的目标，展形的重要参考标准就是限将，即限制对方将或帅的活动空间，这是杀王的重要方向性依据。最大限度地限制对方将或帅的活动空间是实现杀王成功的保障之一。

下面我们通过几个棋例来体会一下杀王四要素在实战中的应用。

【例1】如图1-1，红先。

这是一个连杀局，黑棋车8平6或卒3平4都可以取胜，因此红方思路比较简单，必须步步带将，连杀取胜，即俗称的"断将亡"。

第一步设计棋路，红方能够带将的棋路有三个：马一进三、炮六平四、车八退一。

第二步确定层次，当前有三个棋路，可以设定一个层次A，三个棋路是并列的，当我们计算到棋路一不能杀王时，我们就要返回原来的层次中去计算其他的棋路，这就是层次的作用，可以帮助我们减少漏算的可能。

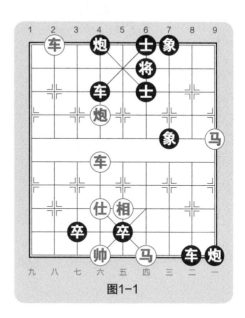

图1-1

第三步组形，就是我们要通过计算来最终确定选择哪一个棋路。

这里我们首先计算层次A中的棋路一。

（1）马一进三

①马一进三　将6平5

（图1-2）

这里红方又面临两个棋路的选择：车六平五、车八退一。

这两个棋路设为层次B。先来计算层次B中的棋路一。

·车六平五

②车六平五　车4平5

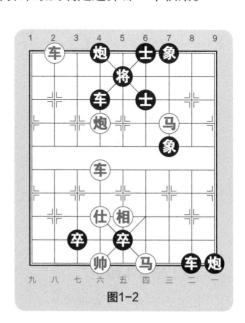

图1-2

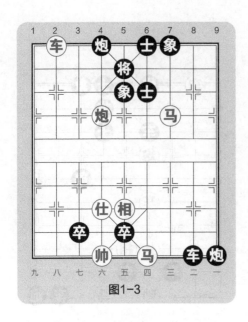

图1-3

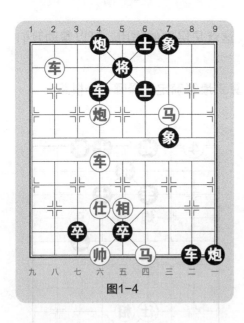

图1-4

③车五进三　象7退5

（图1-3）

　　计算至此，红方已经无法形成杀棋，下面的计算就可以省略，B层中的棋路一确定不成立。那么就要计算同一层次的另一个棋路，即车八退一。计算攻着时，一定要注意计算的广度。换句话说，计算时一定要把可能走到的棋路都算到，当一个棋路不成功时，马上换到另一个棋路去计算，这就是"攻择严"的道理。

　　下面我们开始讲算层次B中的棋路二。

　　·车八退一

②车八退一　（图1-4）

　　将5退1

③车六平五　士6退5

　　红方依然没有杀棋，那么既然车六平五和车八退一红方都无法杀死黑方，那么我们可以得出结论：层次A中的马一进三是错误的，这一着棋导致红方无法杀死对方。所以现在就要计算层次A中的棋路二。

（2）炮六平四

①炮六平四　士6退5　　②马一进三　将6进1　（图1-5）

红方无杀。这里有读者会问，红方炮六平四以后，黑方还可走将6平5，怎么这个棋路就不计算了？甚至有的读者会耐心计算下去，将6平5，车六平五，象7进5……其实这是没有必要的，因为计算时还有一个原则：攻择严、守择佳。就是防守方只要有一个棋路可以守住攻方的攻击，那么就无需计算其他的棋路，可以推定这个棋路的上一层次着法不成立，这就是"守择佳"。

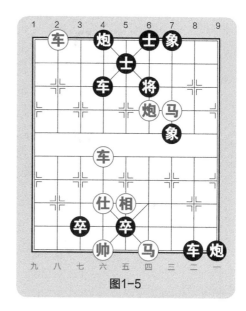

图1-5

还以上面的棋路为例，当我们计算到 （2）炮六平四以后，黑方走士6退5，如防守成立，就不用再计算与士6退5同一层次的另外棋路，即我们就将6平5这个棋路省略了，推定出炮六平四这个棋路是不能将死黑方的。

下面我们集中精力计算层次A中的棋路三。

（3）车八退一

如图1-6，黑先。

面对红方车八退一叫将，黑方有三个应对方案，即三个棋路：士6进5、士6退5、炮4进1。我们也将这三个棋路设为层次B。

·士6进5

①……　　士6进5

②炮六平四

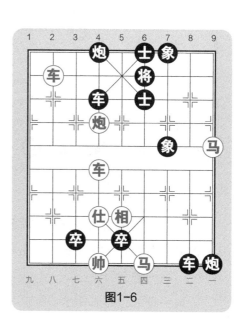

图1-6

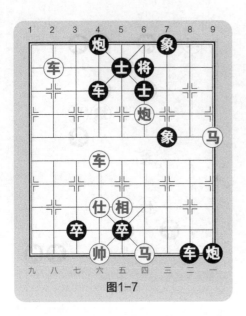

图1-7

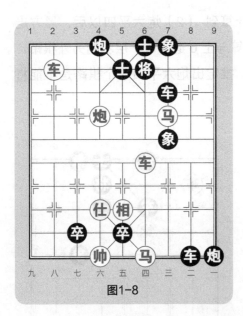

图1-8

（如图1-7，红胜）

在这个棋路下，红方闷杀黑棋，那么是不是我们计算到此就可以结束了呢，当然不是。在此之前我们讲过"守择佳"，那么我们就要通过计算另一个棋路来判断。

·士6退5

①……　　士6退5

②马一进三　车4平7

③车六平四

（如图1-8，红胜）

如图1-8，红方仍然完成了绝杀，心急的读者朋友会想，现在总可以了吧。答案是不可以！黑方还有棋路三的防守方案——炮4进1。

这里仍是从 "守择佳"——为防守方选择最顽强的着法角度来选择的。

·炮4进1

图1-9就是黑方炮4进1以后红方要选择的攻法。

红方有三个棋路：马一进三、炮六平四、车八平六。这个设为层次C。

下面我们又要计算这三个棋路，过程很麻烦，但是这就是棋手实战中大脑里要出现的计算分支，也是每个棋手都要面对的。

··马一进三

②马一进三　将6平5　　　③车六平五　车4平5　（图1-10）

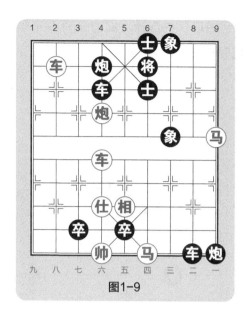

图1-9

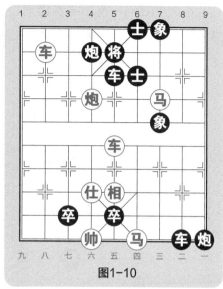

图1-10

如图 1-10，红方无杀，这样我们判定，马一进三是不可行的。那么我们就要换到第二个棋路——炮六平四的计算中来。作为攻方必须把可能有攻击的路线计算清楚，然后选择一个最终可以杀棋的路线，棋手计算时必须遵从 "攻择严" 的道理。

··炮六平四

②炮六平四　将6平5

③车六平五　车4平5

（图1-11）

如图 1-11，黑车解杀还杀，黑方抢先成杀，这个棋路就没有必要再计算下去了。这样在这个C层次中我们只有唯一的一个棋路可以计算：车八平六。

··车八平六

②车八平六　车4退1

（图1-12）

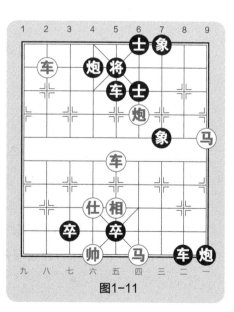

图1-11

在这里我们不得不再次面对 "十字路口" 的选择。红方又有两个棋路：炮六平四、马一进三。这两个棋路我们设为层次 D。

· · · 炮六平四

③炮六平四　将6平5　　　④车六平五　象7进5

⑤炮四平五　象5进3　　　⑥炮五平六　象7退5 （图1-13）

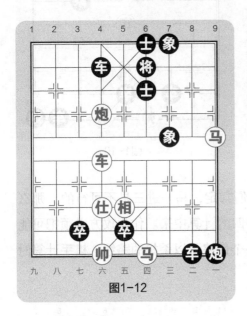

图1-12

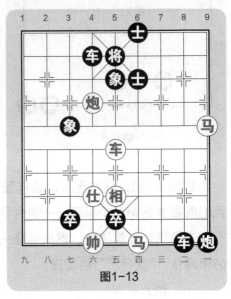

图1-13

如图 1-13，红方无杀，那么我们再计算 D 层次的另一个棋路——马一进三。

· · · 马一进三

③马一进三　将6平5　　　④车六平五　象7进5 （图1-14）

这里红方仍有两个棋路，即车五进三和炮六平五，此前我们计算过炮六平五的局面，炮六平五无杀，这样我们只能选择车五进三杀象。

⑤车五进三　象7退5 （图1-15）

如图 1-15，红方棋路计算基本结束，摆在红方面前只有马炮配合完成连杀。下面就进入了红方攻击展形的阶段。

⑥炮六平五　象5进3　　　⑦炮五退五　象3退5

⑧相五退三　象5进3　　　⑨马四进五　象3退5

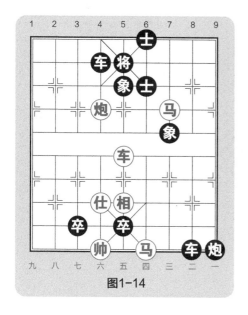

图1-14

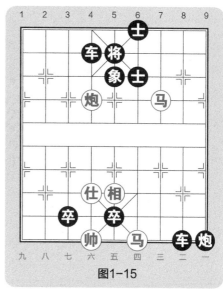

图1-15

⑩马五进三　象5进3　　　⑪后马进五　象3退5

⑫马五进六　（红胜）

通过上面的分析，我们可以看出红方选择了层次 A 中的棋路三车八退一作为进攻路线：

→黑方在面临选择时，选择了 B 层次中最顽强的应着棋路炮4进1；

→红方面临选择时，选择了 C 层次中棋路三车八平六；

→黑方选择车4退1；

→红方选择 D 层次中棋路二马一进三，以后红方完成展形，绝杀。

下面通过一个树状图（图1-16）来完整展现这则残局的进攻思路。图中带红字的思路是最终形成绝杀的思路。

连杀的计算虽然复杂，但更多是直线思维，一旦棋路锁定以后，就可直接进入展形过程。我们要学习一下缓杀的计算思路。

【例2】如图1-17，红先。

这是一个典型的缓杀局面，对于缓杀，很多初中级水平的爱好者都感觉无从下手，它不像连杀那样有明显的思路，对于这种情况怎么办呢？

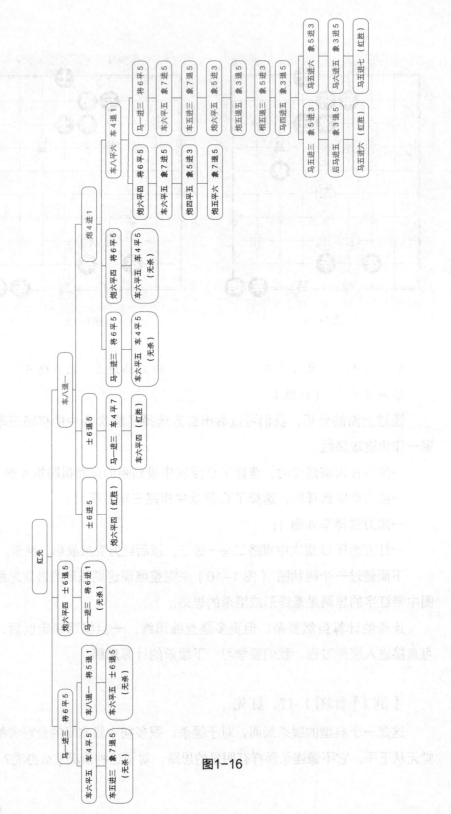

图1-16

计算杀法四要素中的组形和展形杀王这两个要素，在这里就显得非常必要了。

第一步，我们要组形，组成一个下一步可以绝杀对方的棋形；

第二步，选择组形的依据或者方向就是最大限度地限制对方将（帅）的活动空间；

第三步，选择棋路；

第四步，确定层次；

第五步，展形，即展开攻击。

对于这个局面我们先做一下整体的分析，红方两个底兵并排，棋形欠佳，好在黑方9路车没有通头，这样红方形势略得弥补。黑方如果先行，只要走到车9平6这着棋，红方就败定。因此，留给红方的只有缓一步的机会。

①兵七平六 （图1-18）

这着棋是必须走的，如改走其他的着法，红方没有后续手段。献兵只此一着。

这里黑方有两个棋路可以选择：将5平6、将5平4。设定为层次A。

（1）将5平6

① ……　　将5平6

黑方如将6进1，炮九进二，也是红胜。

③炮九进三 （红胜）

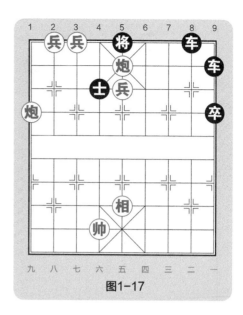

图1-17

图1-18

②兵六平五　　将6平5

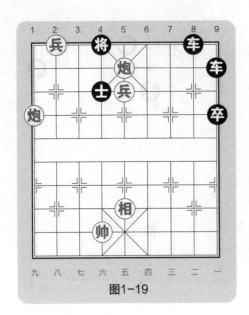

图1-19

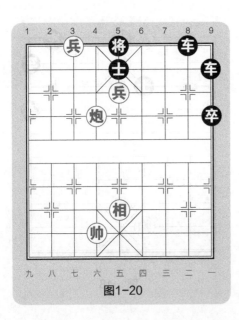

图1-20

（2）将5平4

①……　将5平4（图1-19）

红方有四种攻击方式，分别是：炮九平六、兵五平六、兵八平七，还有一种最为隐蔽攻击方式——炮五平二。这个棋路设定为层次B。

·炮九平六

②炮九平六　士4退5

③兵八平七　将4平5

（图1-20）

这种形势下，红方显然无法杀掉黑棋，以后黑方车9平7即可取胜。这个棋路被否定。

·兵五平六

②兵五平六　将4平5

③兵六进一　将5平6

④炮九进三　将6进1

⑤炮九平二　车9进1

（图1-21）

这个阵形下，红方也是无杀，当黑车通头以后，由于红方子力位置都在黑方下二路线以内，攻守都不利，黑方车卒配合，可以取胜。

走到图1-21的局面，黑方已经是胜势，红方攻击失败。

·兵八平七

②兵八平七　将4进1　　③炮九平六　士4退5　（图1-22）

经过计算，我们可以看出这个棋路也无法成杀。

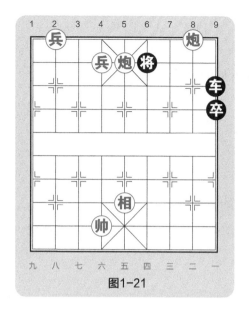

图1-21

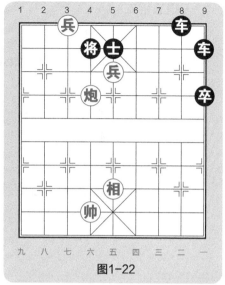

图1-22

前三个棋路红方都是无功而返，那么红方如何才能将死对方呢？这似乎是一个无解的残局。不过，这里我们可以假设一下，如果红方中炮和中兵的位置对调一下，或者说是把红炮直接换成红兵，这样就可以起到限将的作用，红方下一着无论是兵八平七还是炮九进三都可以成杀。这就是我们在杀棋时设立的中间目标，中间目标的设计为我们提供了行棋方向和杀王办法。本局的中间目标如图1-23。

红方走到这个棋形，是可以完成绝杀的。因为这个局面即使是黑方先行，车9平5杀掉中兵，兵八平七，将4平5（如改走将4进1，炮九平六，绝杀），炮九进三，红方也是绝杀。

通过这个中间目标的设立，我们自然会想到炮五平二的下法。

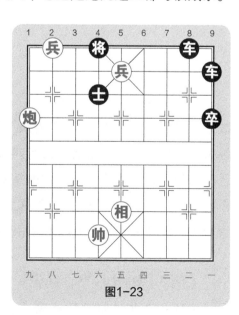

图1-23

·炮五平二

② 炮五平二 车8进1 ③ 兵五进一

冲中兵是限将的必要手段，也是入局的关键。

③ …… 车8进7

如黑方改走车8平5，则兵八平七，将4平5，炮九进三，红胜。

④ 帅六进一 车9平5 ⑤ 兵八平七 将4平5

⑥ 炮九进三 （红胜）

（图1-24）树状图即为这则残局的完整进攻思路。

相信大家通过这两个棋例的学习，对杀法四要素会有更深层次的体会。

二、杀法四律

1. 转换律

攻方在攻杀对方将 （帅）时，可以根据局势，采用正面攻杀或侧面攻杀 （简称 "纵杀"或 "横杀"），或者采用钳形攻杀 （同时进行纵杀或横杀）。由于棋盘九宫有对称性，又因棋子在棋盘各点上都有自己的活动规则，因此，纵杀或横杀的杀局有很多在实质上是相同的，这个称为 "转换律"，也有棋手称之为 "转角律"。它有助于我们在学习和研究象棋杀局以及在实战运用时扩大思路，举一反三。

【例3】如图1-25，红先。

这是一个非常简单的杀局，红方只要兵四平五占中就可以实现困

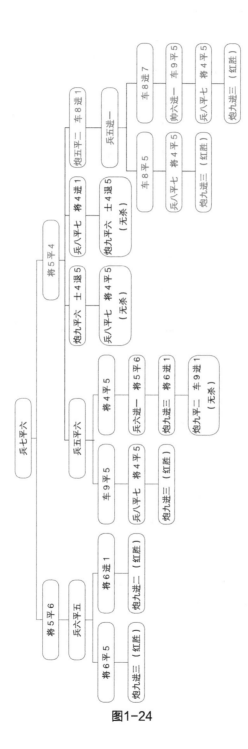

图1-24

毙，取胜。那么按着转换律，这则残局可以演成更多的图形。

第一步，把黑方九宫顺时针转动90度则形成图1-26的局面。

红方仍可以走到兵五进一占据花心取胜。

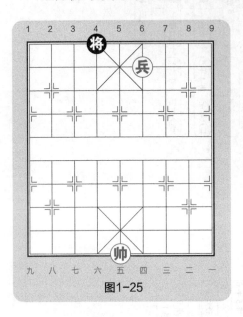

图1-25

图1-26

【例4】如图1-27，红先。

将图1-25水平翻转，则形成图1-27的局面。

①兵六平五

红方仍然以困毙手段绝杀黑方。

而如果再将图1-27顺时针旋转90度则形成图1-28的局势，这样黑方可以谋得和棋。

如图1-28，红先。

①帅五进一　将6退1　　　②帅五退一　将6进1　（和棋）

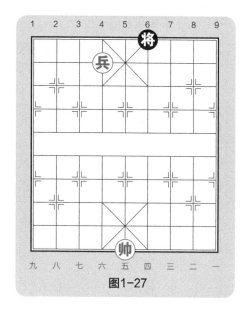

图1-27

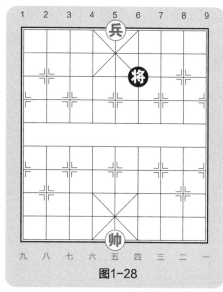

图1-28

2. 替换律

用某个或某几个功能相近、攻击效果相同的棋子，将已经存在的棋子替换下来，这个称为"替换律"。

我们以图 1-29 为例，对这个替换律加以说明。

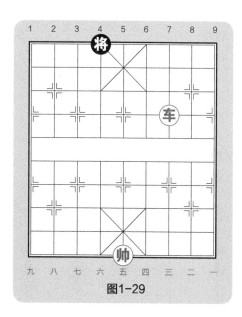

图1-29

【例5】如图 1-29，红先。

①车三平六

红方车三平六照将，由于将帅不能"面对面"，红车实现绝杀。

在这个杀局中，红车就是起到纵线攻击的作用，在象棋中很多棋子都可以起到纵线攻击的作用，这里我们不妨用替换律来解释。

如图 1-30 和图 1-31，红方无论是双炮还是炮、仕的结合都起到纵线攻击的作用，这都可以代替图 1-29 中红车的纵线攻击作用。

这种替换是比较简单的，下面我们看图 1-32，这是一则略复杂一些的替换。

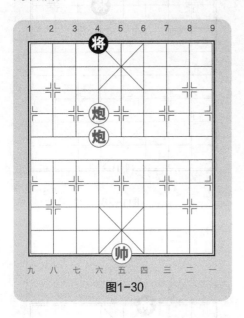

图1-30

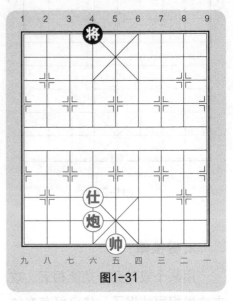

图1-31

【例6】如图 1-32，红先。

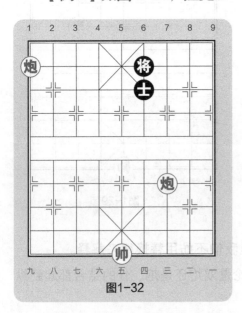

图1-32

① 炮三平四

红方炮三平四以后形成绝杀。

这则杀局中红方三个攻击子力各有作用，九路炮控制黑方落士，起到助攻作用，这一点和红方中帅的作用相同，红方中帅也起到了典型的助攻作用，限制了黑将向中路移动解杀，而红方三路炮则是直接照将成杀。

下面我们就上面的这个局面进行替换。

【例7】如图1-33，红先。

① 炮三平四

这则杀局中，红方中兵替代了图1-32中帅的作用。同理，图1-32也可以替换成图1-34的形势。

图1-33

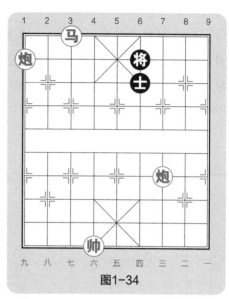

图1-34

像这样更替攻击子力的替换律是较为简单的，有时候也可以迫使黑方替红方走棋，起到替换红方攻击子力的作用。

【例8】如图1-35，红先。

① 车八进五　士4退5

② 炮一平四

在这个杀棋中红方利用车八进五照将，迫使黑方士4退5回防，黑方回防以后，就相当于图1-34的红方九路炮和七路马的作用，对

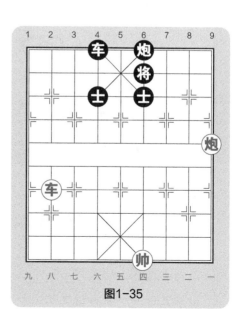

图1-35

黑将起到了限制。

"替换律"在扩大我们攻杀的思路中有更大的作用，这一点随着我们学习杀法的深入，会有更深的体会。

3. 控中律

因为棋盘上的中线是将（帅）左右交通的要道，同样，下二线则是将（帅）上下活动的要道。因此控制九宫内纵横线条的"中线"，也就是"控中"，这是制造多种杀法的一条重要途径，也是带有规律性的一个重要方法，大量杀例表明了因"控中"而出现成杀的比例是极高的。

【例9】如图 1-36，红先。

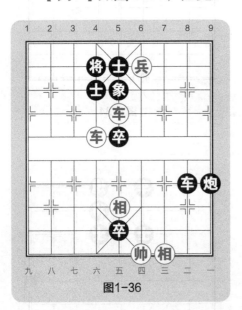

图1-36

①兵四平五

红方弃兵，破士引将，入局的好着。

①……　将4平5

②车五进一

红方弃车，吃象引将，入局的佳着。

②……　将5进1

黑方只好吃车，如改走将5平4，则车六进二，红胜。

③车六平五　（红胜）

下面我们再看一则杀例。

【例10】如图 1-37，红先。

①车八平六　将4进1　　②马五退七　将4退1

③马七进八　将4平5　　④车四平五　将5平6

⑤车五进一　将6进1　　⑥马八退六　将6进1

⑦车五退二　将6退1

⑧车五进一　将6进1

⑨车五平四

这则杀例中，红方利用中车、中帅的控中作用，车马联攻，完成杀棋。

由此可见，在残局阶段，车、帅（将）控制中路，具有很强的战略作用，这就是"控中律"的价值。

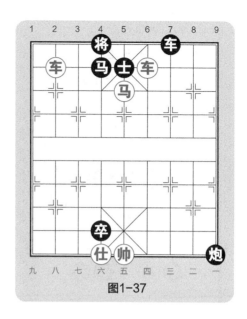

图1-37

4. 三段律

无论是残局阶段的杀法还是中局阶段的杀法，我们都不难看出成杀的过程实际上具有分段的特色。一般杀局需要按照"破防、制将、照杀"三个阶段去寻找与设计杀法。

顺便指出，组杀与展形杀王前一般要动员4个左右的强攻击子，理想的强子配备要兵种齐全，如双车马炮兵、双车炮马等，这样更易集中火力展开杀局。

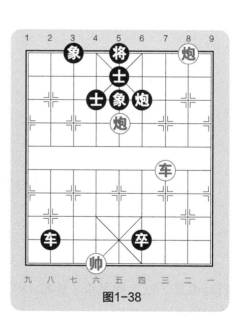

图1-38

【例11】如图1-38，红先。

①车三进五　炮6退2

②炮二平四

红方平炮破防，入局的关键。

②……　　将5平4

③炮四退四

红方退炮照将。

③……　士5退6

⑤炮四平六　士4退5

④车三平四　将4进1

⑥炮五平六　（红胜）

【例12】如图1-39，红先。

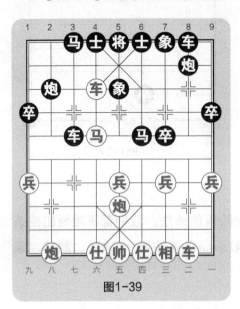

图1-39

③仕六进五　士6进5

⑤炮五平四　士5进6

红方进车破士，顺手牵羊。

⑥……　将6进1

⑧车二进七

红方进车紧凑，准备车二平四照杀。

⑧……　炮8平4

⑩车四进一　将6平5

这是全国团体赛安徽蒋志梁对河南李忠雨的实战对局。

①马六进四

红方进马强硬，准备先弃后取实施得子计划。

①……　车3平2

黑方如改走马3进4，则马四进六，将5进1，马六退七，红方得子胜势。

②车六进一

红方进车控制黑将，伏有马四进三的绝杀手段。

②……　炮2进7

④马四进三　将5平6

⑥车六进一

⑦车六退一　将6退1

⑨车二平四　炮4平6

⑪车四平六　（绝杀）

通过对杀法 "三段律" 的学习，可以帮助我们在实战过程中更好地打造杀局。以上就是杀法的基本原理，本书后面我们将对象棋常见的基本杀法进行学习。

第二章　单子类基本杀法

单子类杀法是杀法的基础，无论多么复杂的杀法，最终都可以归结为单子类杀法。因此，单子类杀法虽然简单，但它是构成各种复杂杀法的根基。

一、单兵（卒）基本杀法

从子力的攻击能力来看，兵（卒）是车、马、炮、兵（卒）四个攻击子力中攻击能力最弱的，但是单兵（卒）仍然有能力独立完成杀王。

单兵（卒）困毙孤王是兵类杀法的主要思路。单兵（卒）困毙的要点是：兵（卒）在宫心，帅（将）控制中路，两者缺一不可。

【例1】如图2-1，红先。

图2-1

① 帅四平五

红方平中帅，限制黑将的活动空间，这是取胜的关键。

①……　　将4退1

② 兵二平三　将4进1

③ 兵三平四　将4退1

④ 兵四平五　将4进1

黑方上将与下将的结果是一样的。

⑤ 帅五进一　（困毙，红胜）

【例2】如图2-2，红先。

这则残局如果轮到黑方先走，黑方走将5平6即可谋得和棋，现在

轮到红方先行，红方利用困毙手段
实现绝杀。

① 兵三进一（或者兵三平四，
困毙，红胜）

这也是单兵的困毙杀局。

兵除了利用困毙手段完成杀
王以外，也可利用防守方阵势的缺
陷，独立完成杀王。

【例3】如图2-3，红先。

这则杀例就是红方利用黑方窝
心车阻塞黑将活动空间的弱点直接
成杀。

从双方子力对比来看，黑方无
疑占据绝对优势，但是红方利用先
行之利实现绝杀。

① 兵三平四 （绝杀）

【例4】如图2-4，红先。

这是一则很有趣的杀局，叫单
兵巧胜三卒，其中就是运用等着和
困毙等技巧，完成杀王的。

① 兵五进一

由于黑方3卒、7卒没有冲到
河口，所以红方抓紧时间冲中兵控将。

① ……　将6退1　　　② 帅五平四

红方出帅牵制，控制黑方肋卒，这是红方取胜的关键。

② ……　卒6进1　　　③ 仕六退五

图2-2

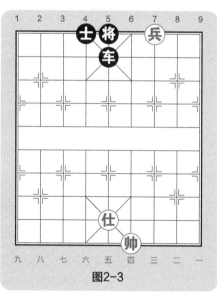

图2-3

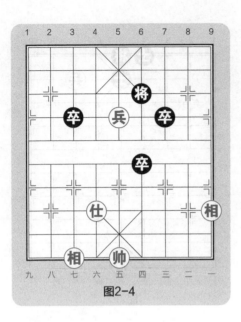

图2-4

红方退仕，控制黑方肋卒，黑方现在可以走动的只有3卒和7卒了。

③……　卒3进1

④相七进九　卒7进1

⑤帅四进一

红方上帅，这是控制盘面的佳着。

⑤……　将6退1

⑥兵五进一　卒3进1

黑方已经无棋可走，只能献兵。

⑦相九进七　卒7进1　　　　⑧相一进三　卒6进1

⑨仕五进四

这样红方实现一兵巧胜三卒的"壮举"。

二、单车基本杀法

车是象棋中攻击能力最强的兵种，"一车十子寒"就是指车攻击力量强大，行进间纵横进退，攻杀凌厉。

单车的杀法主要是利用"白脸将"的规则成杀和利用困毙成杀。

所谓的"白脸将"是指利用象棋规则中将帅不能直接对面的特殊规

定，完成绝杀的杀法。

【例5】如图2-5，红先。

如果轮到黑方先走，则炮7平5，帅五平四，车3平6，黑方抢先成杀。现在轮到红方先行，红方可以利用白脸将抢先成杀。

① 车三平六　炮2平4
② 车六进一　炮7平4
③ 车六进一　车3平4
④ 车六进一　（红胜）

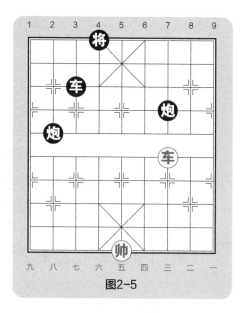

图2-5

【例6】如图2-6，红先。

这则杀例中，如果轮到黑方先走，则车5平4黑方抢先成杀。实战中轮到红方先走，这样红方利用黑车占据宫心，黑将活动受限制的弱点，抢先成杀。

① 车一进五　（红胜）

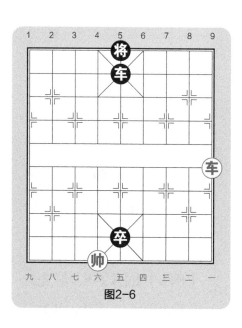

图2-6

三、单马基本杀法

马有 "八面威风" 之说，意思是在残局阶段，由于双方子力减少，马少了别脚的束缚，较开局、中局阶段更加进退自如。马以独有的特色，常常在将 （帅）的配合下独立成杀。

【例7】如图2-7，红先。

图2-7

① 马二进三 （绝杀，红胜）

这则杀例中，帅控制将门，马卧槽将军，黑将不能出，这是"卧槽马"杀法最简单的情形。

【例8】如图2-8，红先。

① 马三进四 （困毙，红胜）

【例9】如图2-9，红先。

① 马三进四

图2-8和图2-9是单马困毙的两种典型方式，也是单马困将的常见情形。

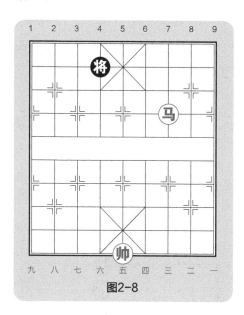

图2-8

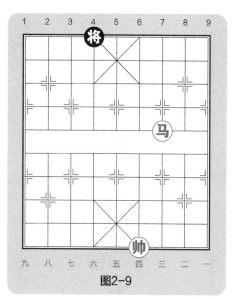

图2-9

四、单炮基本杀法

炮是象棋兵种中的 "长武器"，它机动灵活，攻守兼备，善于远程控制，具有很强的杀伤力。在有炮架的情况，炮可以独立成杀。

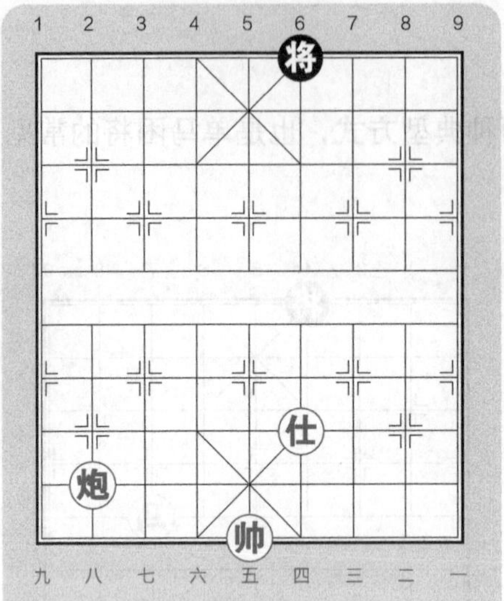

图2-10

【例10】如图2-10，红先。

①炮八平四 （绝杀）

【例11】如图2-11，红先。

①炮三进六 （红胜）

这是炮的闷宫杀的基本形，在实战中运用颇多。

【例12】如图2-12，红先。

①炮六进六 （绝杀，红胜）

以上三则杀局是单炮成杀的基本定式。

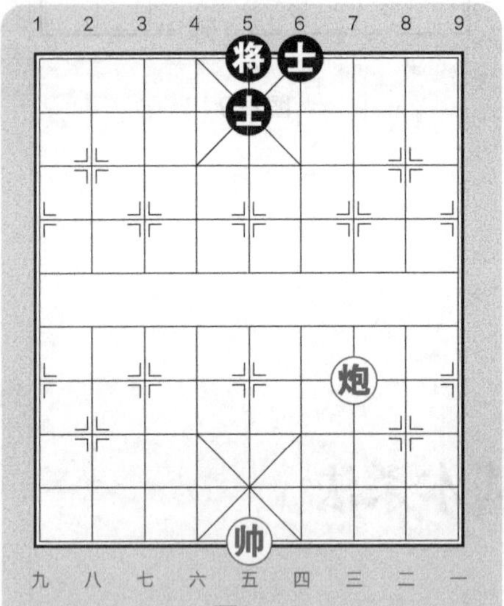

图2-11

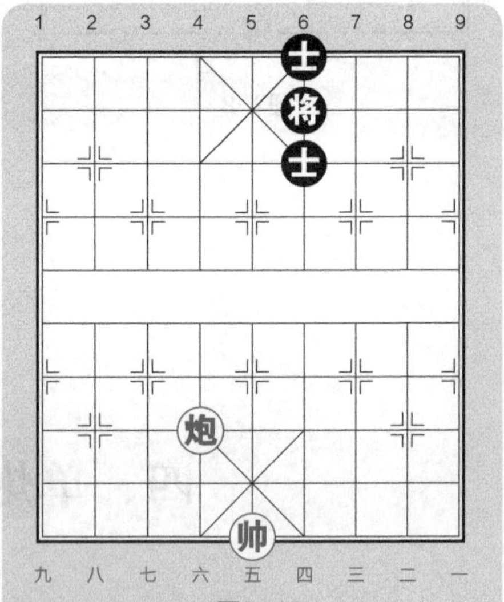

图2-12

第三章　双子类基本杀法

双子类杀法主要包括双马、双炮、双车、马兵、炮兵、车兵、马炮、车马、车炮等杀法，这类杀法是象棋杀法中最为常见的情形。很多象棋基本杀法都是由双子类杀法构成的，如"双马饮泉""重炮""双杯献酒""双车错杀""马后炮""卧槽马""钓鱼马""八角马""拔簧马""海底捞月""铁门栓"等杀法都是双子类杀法，下面我们分别介绍一下。

一、双马饮泉

"双马饮泉"源于《橘中秘》，它的原型是用一马在对方九宫侧翼控制将门，另一马挨着这只马卧槽奔袭，迫使将（帅）不安于位，然后双马互借威力，回环跳跃，盘旋进击而巧妙取胜。

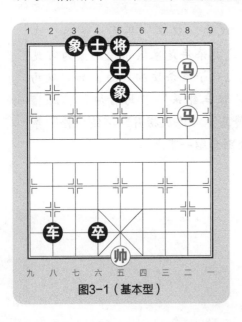

图3-1（基本型）

如图3-1，红先。

①后马进三　将5平6

②马三退五　将6进1

黑方如改走将6平5，则马五进七，绝杀。

③马五退三　（红胜）

图3-1是双马饮泉的基本型，此外现代杀局理论把双马饮泉战术扩大为凡用双马腾跃攻王，从而构成巧妙杀局的攻法都称为双马饮泉杀法。这样，双马饮泉杀法就有很多基本型的延伸以及变型。

【例1】如图 3-2，红先。

① 马八退六

红方退马挂角好棋，黑士不敢吃马，因伏有马六进四挂角杀。

①……　　马9进7

② 兵六进一

红方送兵好棋。

②……　　将5平4

③ 前马进八　　将4平5

④ 马六进七　　将5平4

⑤ 马七退五　　将4平5

⑥ 马五进三　　（红胜）

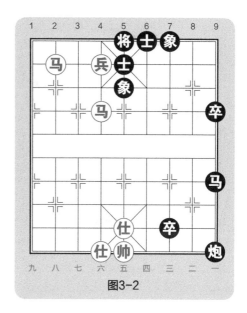

图3-2

【例2】如图 3-3，红先。

① 车四进一　　将5平6

② 马三进二　　将6平5

③ 马一进三　　将5平6

④ 马三退五　　将6平5

⑤ 马五进三　　将5平6

⑥ 车六进一　　士5退4

黑方如改走将6进1，则马二退三，将6进1，车六退二，红胜。

⑦ 马三退四　　将6进1

⑧ 马四进二　　（红胜）

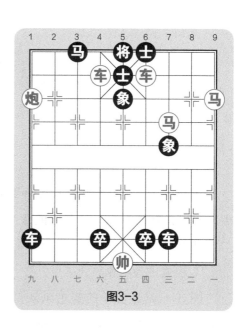

图3-3

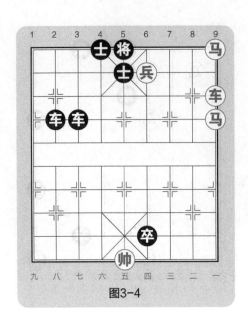

图3-4

【例3】 如图3-4，红先。

①兵四进一　　将5平6

②车一平四　　士5进6

③后马进二　　将6进1

④马一退二　　（红胜）

这则杀例中红方连送兵、车，为双马活动开辟空间，利用双马饮泉绝杀黑方。

二、重炮

重炮是指一方双炮在一条直线或横线上重叠相呼应，一只炮当炮架，另一只炮将军，一举获胜的杀法。

如图3-5，红先。

①后炮进四　　象3退5　　　　　②后炮进四　　（红胜）

图3-5是最简单的重炮杀法，绝大多数都是在众多子力配合下使用重炮杀法，单纯用炮的局势较少。下面我们再看一则相对复杂的重炮杀例。

【例4】如图 3-6，红先。

①车二进四

红方弃车的主要战术目的是活通炮路。

①……　马9退8　　　　　　　②兵六进一

红方弃兵吸引，引出黑将，为下一着弃车做准备。

②……　将5平4　　　　　　　③车四进一

红方弃车引离黑方中心士，发挥中炮控制将路的作用，断黑将归路。

③……　士5退6　　　　　　　④兵七平六

红方再弃一兵，引黑将至绝地，以重炮杀击毙之，着法干净利落。

④……　将4进1　　　　　　　⑤炮一平六　士4退5

⑥炮五平六　（重炮，红胜）

图3-5（基本型）

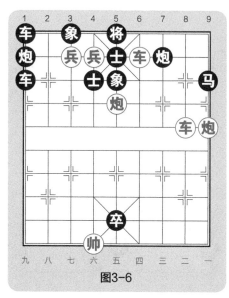

图3-6

【例5】如图 3-7，红先。

①马五进三

红方进马叫将引离黑方防守重兵——肋炮。

①……　炮4平7　　　　　　　②车一平四　炮7平6

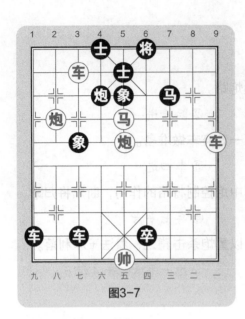

图3-7

③车四进二

红方弃车砍炮引离黑士，为左车右移做准备。

③……　士5进6

④车七平四

红方再弃一车，引离黑将，为重炮做准备。

④……　将6进1

⑤炮八平四　士6退5

⑥炮五平四　（重炮，红胜）

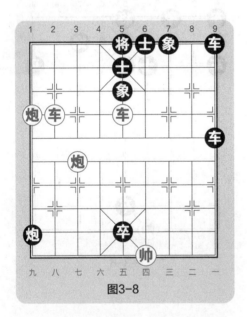

图3-8

【例6】如图3-8，红先。

①车八进三

红方进车叫将，闪出炮路，迫使黑方下士垫将。

①……　士5退4

②炮七进五　士4进5

③炮七退二　士5退4

④车五进一

红方弃车吃象将军，再次闪开炮路，妙手。

④……　象7进5

⑤炮九平五

红方当头照将，迫使黑方落象离将，这是红方取胜的关键。

⑤……　象5退3　⑥炮七平五　（重炮，绝杀）

三、双杯献酒

"双杯献酒"杀法是指一方运用双炮连续攻打对方底象，造成"闷宫"杀，或双炮打底象后使对方中宫出现缺口。以上情况寓意"一杯不醉两杯醉"，故而得名。

如图3-9，红先。

① 前炮进二

红方强行进炮叫将，迫使黑方回象吃炮，为下一着炮三进七闷杀做准备。

① ……　象5退7

② 炮三进七　（红胜）

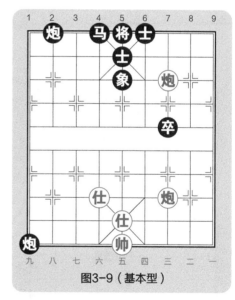

图3-9（基本型）

【例7】如图3-10，红先。

① 炮二进二　象5退7　　　　② 炮三进六　（红胜）

这也是双杯献酒的一个基本型，实战应用也很多。

【例8】如图3-11，红先。

① 前炮进三　象5退7　　　　② 炮三进五　（红胜）

图3-10

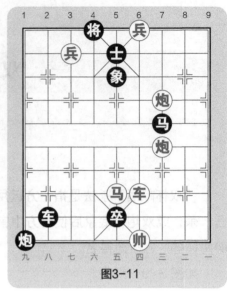

图3-11

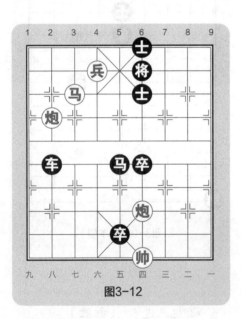

图3-12

【例9】如图 3-12，红先。

① 兵六平五

红方平兵迫使黑方支士，这是红方取胜的关键。

① ……　　士6进5

② 炮八平四　　马5退6

③ 炮四进四　　（红胜）

四、双车错杀

"双车错杀"也称 "二字车"或者 "长短车"，就是两车连续交替将军所形成的杀法。这种杀法是在对方缺仕 （士）或帅 （将）受攻时使用，迅速入局。

如图 3-13，红先。

① 车七进四　将 4 进 1

② 车八进四　将 4 进 1

③ 车七退二　（红胜）

双车错杀在实战应用很多，攻杀手段多种多样。

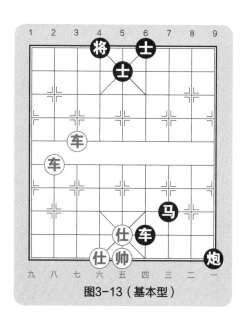

图3-13（基本型）

【例 10】如图 3-14，红先。

① 车九进六　象 5 退 3

② 车九平七　士 5 退 4

③ 车四进七　将 5 进 1

④ 车七退一　将 5 进 1

⑤ 车四退二　（红胜）

【例 11】如图 3-15，红先。

① 后车平四　将 6 平 5 　　② 车一进二　象 5 退 7

③ 车一平三　士 5 退 6 　　④ 车三平四　将 5 进 1

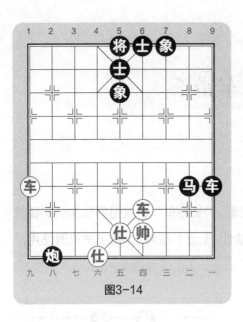

图3-14

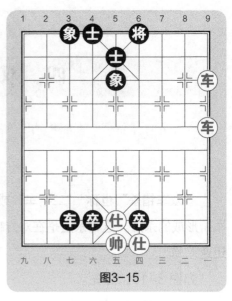

图3-15

⑤前车退一

这一步是保持红方双车错杀着法连贯性的好棋。

⑤……　将5退1　　⑥后车平五　士4进5

⑦车五进三　将5平4　　⑧车四进一　（红胜）

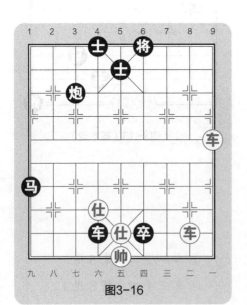

图3-16

【例12】如图3-16，红先。

①车二进八　将6进1

②车二退二

红方如改走车一进三，则将6进1后伏有炮3平5，仕五进四，车4平5，帅五平六，马1进2的杀棋。又如车一进二，则炮3平5，车一平五，红车位置欠佳，取胜较为麻烦。

②……　炮3平5

③车二平五　士5进6

④ 车五进二

红方进底车紧凑，伏有车一进三的杀棋。

④……　　士6退5　　　　　⑤ 车五平二

红方再平车二路，形成双车错的杀势。

⑤……　　卒6进1　　　　　⑥ 仕五退四　　马1进3

⑦ 车一进三　将6进1　　　　⑧ 车二退二 （红胜）

五、马后炮

"马后炮"杀法是指马与对方将（帅）在同一条竖线或横线上，中间空一格，限制将（帅）不能左右（上下）活动，然后以马为炮架，用炮紧跟其后将死对方。

如图3-17，红先。

① 炮八进二

红方形成马后炮绝杀。

攻方马、炮与守方将（帅）（下称敌将）共线，攻方炮与敌将之间只有攻方一马，且马与敌将仅隔一线，此时炮正在将军，三子所在直线上敌将无论如何移动都在攻方炮的射程之内；敌将如为避炮，以垂

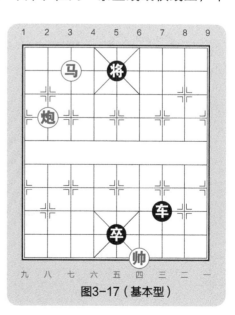

图3-17（基本型）

直于三子所在直线方向上移动，则马可踏死敌将（马属于控制子）。用马后炮将军往往可使守方毙命，解法只能是直接吃掉攻方之炮，或者在马与将之间填入一子。这就是马后炮杀法的要点。

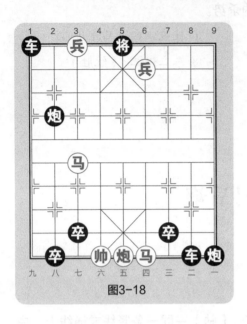

图3-18

【例13】如图3-18，红先。

① 马七退五　炮2平5

② 马五退三　炮5平4

③ 马三退五　炮4平5

④ 马五退三　炮5平4

⑤ 马四进五　炮4平5

⑥ 马五进四　炮5平4

⑦ 马四进五　（红胜）

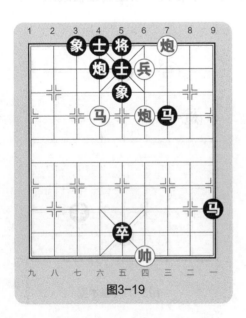

图3-19

【例14】如图3-19，红先。

① 兵四进一

红方弃兵引离黑将，入局精巧。

①……　　将5平6

② 马六进四

红方利用马后炮叫将，使得黑方退马自塞象眼，为红方以后入角成杀做成炮架。

②……　马7退6

③ 马四进二　将6平5

④ 马二进四

借黑马为炮架，红胜。

【例15】如图3-20，红先。

① 马八进七

红方进马卧槽强迫黑方换车。一是不给黑方反击的机会；二是为接下来炮一平五从中路发动进攻留出位置。

①……　　车4退4

② 车二平六　马2退3

③ 炮一平五

这是红方引离黑车的后续进攻手段。

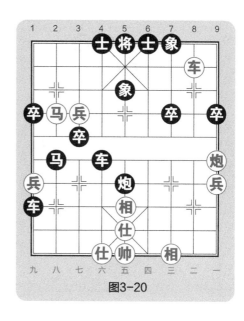

图3-20

③……　　士6进5

④ 帅五平四

红方弃车出帅，简明。

④……　　马3退4　　　　⑤马七退六　车1平5

⑥ 马六进四　将5平6　　　　⑦炮五平四

红方利用马后炮杀法，抢先成杀。

六、卧槽马

"卧槽马"杀法是指对方的将（帅）居中不动，由攻方的马进到三·九（3·9）和七·九（7·9）两点上（也就是指进到三·七路底

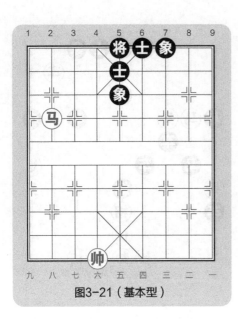

图3-21（基本型）

相前一格位置上的马），卧槽马既可将军，又能抽车，是运用相当广泛的基本杀法之一。

如图3-21，红先。

① 马八进七 （绝杀，红胜）

这则残局中，红帅起到助杀的作用，根据我们之前讲过的 "转换律"，红方的车或有炮架的炮都可以起到助杀的作用。而这两种助杀情形又是对局中常见的，这一点读者可以自己研习。

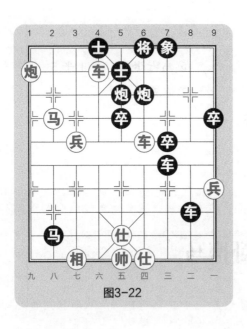

图3-22

【例16】如图3-22，红先。

① 车六进一

红方弃车引离黑士，为接下来红车砍炮，形成卧槽马杀做好了铺垫。

① …… 士5退4

② 车四进二 将6平5

③ 马八进七 （红胜）

【例17】如图3-23，红先。

① 车四平六

红马已经卧槽，现在只要实施纵线攻击即可。

① …… 士5进4　　② 车六进一

红方弃车精巧，造成黑炮打车以后，无法移动，为红炮攻击做炮架。

② ……　炮6平4

③炮二平六　（绝杀）

【例18】如图3-24，红先。

①车三平四

精妙之着！这步棋一来使黑车不能车6进1做杀，二来使黑将不能平6，这样红方的卧槽马威力就更大了。黑方无法车6退7吃掉红车，因为红方有马八进七，将5平6，兵二平三闷杀！

①……　卒5进1

黑方弃卒的目的是先手把车调动到4路，来解救卧槽马的危机。这样会给红方增加杀棋的难度，这是最顽强的下法。

②帅六平五　车6平4

③兵二平三　车4退5

④兵三平四

红方老兵建功。引离黑方中士，卧槽马后，红车吃掉黑车，红方胜定。

④……　士5退6

⑤马八进七　车4退2

⑥车四平六　士6进5

⑦车六退二　将5平6

⑨车四进一　（红胜）

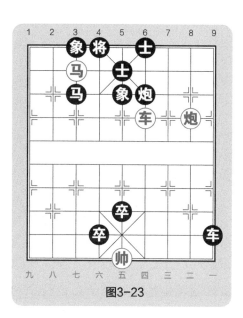

图3-23

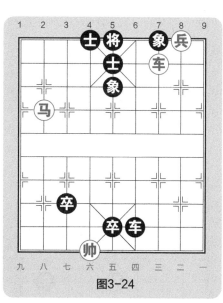

图3-24

⑧车六平四　士5进6

七、挂角马

"挂角马"是指在对方九宫角上，即指进到四·八（4·8）或六·八（6·8）两点上的马，也就是对方两个高士角位置的马。当对方没有中心士时，可以直接挂角将军；但单独靠一个挂角马成杀的情况极少，通常都借助其他子力进行牵制或引离对方中士，使其在防守中失去作用，然后用马在对方士角挂角将军。在实战中，挂角马可以使对方将（帅）不安于位，它常和炮、车或兵（卒）组成联合攻势，具有极强的攻击力。

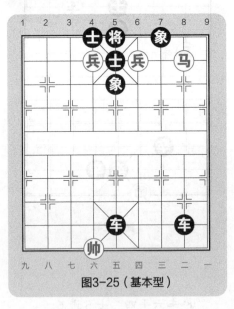

图3-25（基本型）

如图 3-25，红先。

①兵四进一

红方弃兵，为马挂士角留出空间。

① ……　　士 5 退 6

②马二退四 （绝杀）

【例19】如图3-26，红先。

①车四进一　将4退1

②车四进一

红方进车再将，关键之着，卡住黑将活动的要点。

②……　将4进1

③兵五平六　将4平5

④马七进六

红方挂角马绝杀。

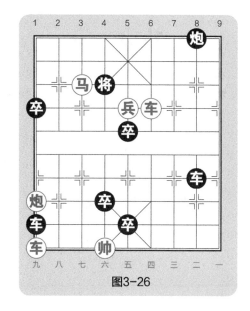

图3-26

【例20】如图3-27，红先。

①车六退二

红方弃车引离黑士，为挂角马入局做准备。

①……　士5进4

②车三退一　将6退1

③马七进六

红方进马挂角定位黑将，这是取胜的关键。

③……　将6平5

④车三平五　将5平4

⑤炮四平六　士4退5

⑥炮六退四　士5进4

⑧车六平五　（绝杀）

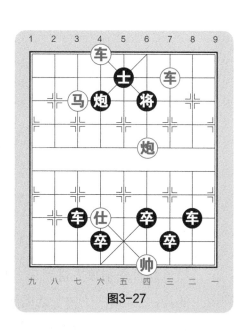

图3-27

⑦车五平六　将4平5

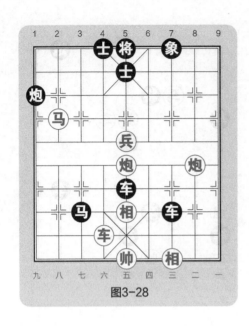

图3-28

【例21】如图3-28，红先。

①马八进六

红方若改走马八进七，则将5平6，车六平四，炮1平6，红方无后续杀法。因此，红方挂角马将军，可以阻挡黑炮防守将门。

① ……　　将5平6

②车六平四　士5进6

③炮五平四　士6退5

④炮四平七　士5进6

红方运用将军调整炮的位置，准备利用黑士做炮架攻击黑将。

⑤炮七进五　士4进5

⑥炮二平四　（红胜）

八、钓鱼马

"钓鱼马"是指攻方进到三·八（3·8）或七·八（7·8）两点上的马，它与将（帅）之间的形状如"双象连环"。这只马的特点是同时控制着中士和一个底士两个位置，封锁将门，是残局阶段车马攻杀的一种常见杀法。在实战中，钓鱼马常与车或兵（卒）配合，组成联合攻势，构成杀局。

如图3-29，红先。

① 车二进五　士5退6

② 车二平四　（红胜）

【例22】如图3-30，红先。

① 车六进三

红方弃车杀士，引离黑将。

①……　将5平4

② 马六进七

红方跳钓鱼马，形成杀势。

②……　将4平5

③ 车八进三　象5退3

④ 车八平七　（红胜）

【例23】如图3-31，红先。

① 车七进三　将4进1　　　　　② 马九进八　将4进1

黑方如改走将4平5，则车七平五！将5退1，马八进七，马后炮杀。

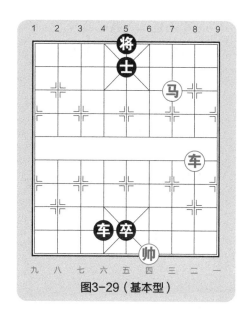

图3-29（基本型）

图3-30

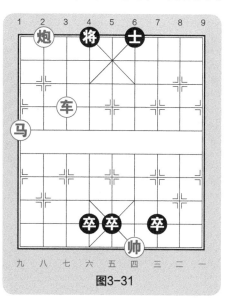

图3-31

③车七退二　将4退1

红方退车抽将，调整车位。

④……　将4进1

红方跳钓鱼马成杀。

⑤……　将4平5

④车七退一

⑤马八进七

⑥车七平五　（红胜）

【例24】如图3-32，红先。

①车四进五

红方弃车吸引黑方将5平6，为马五进三占领钓鱼马位置赢得一步先手。

①……　将5平6

红马得以先手占据钓鱼马的有利位置。

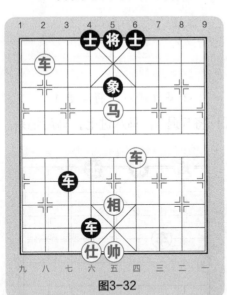

图3-32

②马五进三

②……　将6平5

③车八平二

红方威胁车二进一杀！

③……　象5退7

④车二进一　车3平6

黑方如改走士4进5同样被杀。

⑤车二平三　车6退6

⑥车三平四

这是钓鱼马典型的绝杀之势，红胜。

九、侧面虎

"侧面虎"是当防守方的将（帅）暴露在九宫一侧时，进攻方用处于棋盘三·四（3·4）位或七·四（7·4）位的马作为控将子，用同在一侧的车作为叫将子而把对方将死的杀法。

如图3-33，红先。

① 车二进三　象5退7

② 车二平三

红方吃象以后，迫使黑方上将，以便跳马叫将。

②……　　将6进1

③ 马五进三

红方形成典型的侧面虎杀势。

③……　　将6进1

④ 车三退二　将6退1

⑤ 车三平二　将6退1

⑥ 车二进二　（绝杀，红胜）

图3-33（基本型）

【例25】如图3-34，红先。

① 炮六退四　车2平4　　　② 马六进五　将4退1

③ 马五进七

红方形成侧面虎杀势。

③……　　将4进1

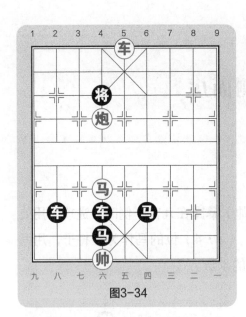

图3-34

④车五退二 （红胜）

【例26】如图3-35，红先。

①兵七平六

红方平兵驱将，为实施侧面虎杀法做准备。

①……　将5平6

②车三退一　将6退1

③马七进五　士6退5

黑方如改走将6平5，则车三进一绝杀。

④车三进一

红方进车叫杀，已经完成侧面虎杀法的子力布置。

④……　将6进1

⑤马五退三　将6进1

⑥车三退二　将6退1

⑦车三平一　将6退1

⑧车一进二 （绝杀）

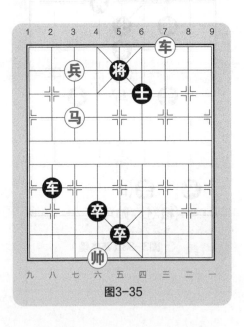

图3-35

【例27】如图3-36，红先。

①马八退七　将4进1

②马七进八　将4退1

③马八退九

红方借叫将先手退边马，准备实施侧面虎的杀棋。

③……　　象5退3

④车九平七　将4进1

⑤马九退七

红方形成侧面虎的典型杀势。

⑤……　　将4进1

⑥车七退二　将4退1

⑦车七平八　将4退1

⑧车八进二　（红胜）

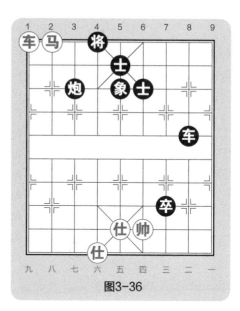

图3-36

十、八角马

"八角马"也称 "定将马"，指的是用马在对方九宫任何一个士角位置上，与对方将（帅）形成对角，限制其活动，再利用其他子力杀死对方的方法，该方法在其他子力的配合下能构成绝杀。

如图3-37，红先。

①马五进六

红方先跳八角马定将。

①……　　马7退6

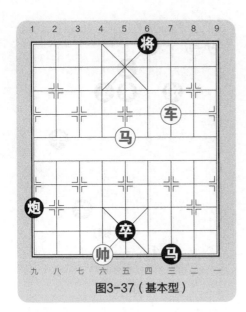

图3-37（基本型）

黑方虽然也跳到八角马的位置，但是棋慢一着，红方捷足先登。

②车三进三 （绝杀，红胜）

【例28】如图3-38，红先。

①马七退六　将5退1

②车六平五　将5平6

③马六进五

红方进马准备调整马位，这是常用的手段。

③……　将6进1

④马五退七

红方退马叫杀，伏有车五平四的杀着，紧凑。

④……　将6退1

⑤马七退五　将6平5

⑥马五进六

红方准备以八角马定将。

⑥……　将5平4

⑦马六退四

红方跳成八角马以后，杀棋。

⑦……　卒6进1

⑧车五平六 （红胜）

图3-38

【例29】如图3-39，红先。

①车八进八　将5进1

②马五进三　将5平4

黑方如改走将5平6，则红方可以利用钓鱼马的位置，车八平四杀棋。

③车八退四

红方退车叫杀，正确。

③……　　将4退1

④车八平六　将4平5

⑤车六平五　将5平4

⑥马三退五　将4平5

⑦马五进四

红方进马准备跳八角马成杀，这是调整马位常用的攻击点。

⑦……　　将5平6

⑧马四退六　马4退3

⑨车五平四　（红胜）

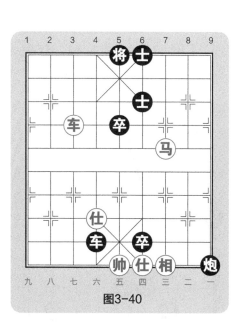

图3-39

【例30】如图3-40，红先。

①车七平五　士6进5

②马三进四

红方进马挂角，迫使黑方将位不安，好棋。

②……　　将5平6

③马四进二　将6平5

④车五进二

红方借帅力杀中士，扫清九宫内的障碍。

④……　　将5平4

⑤车五进一　将4进1

⑥马二退四

红方成八角马杀势。

⑥……　　将4进1

⑦车五平六　（红胜）

十一、拔簧马

一方的马将别住自己马腿的己方棋子（通常为车）移开，从而形成叫将的局面，这种车借马力，抽将得子或成杀的攻法就称为"拔簧马"。

如图 3-41，红先。

此时红方四路车与三路马已经形成拔簧马的基本型。

① 车四退一　将 5 退 1　　　　　② 车四平五

红方借马力占中车，入局佳着。

②……　将 5 平 4　　　　　　　③ 马五进七　（红胜）

【例 31】如图 3-42，红先。

红方已经形成拔簧马杀型。

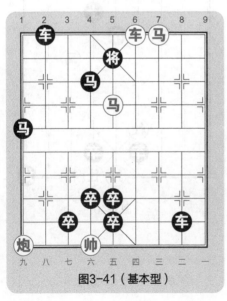

图3-41（基本型）

图3-42

① 车七进一　将4进1

红方弃车堵塞，入局精妙。

②……　炮4退2

② 车七平六

③ 马七退五 （红胜）

【例32】如图3-43，红先。

① 马三进二　将6进1

② 车三进四

红方形成拔簧马杀势。

②……　将6退1

③ 车三退五

红方借抽将扫清障碍。如急于走车三平五，炮7退5垫将，红方反无解着，输定。

③……　将6进1

黑方如将6平5，则车二进六，车6退8，车三平四杀。

④ 车三进五　将6退1

⑤ 车三平五

红方借抽将占位，红车破士制将，红马照将，黑方无解，红胜。

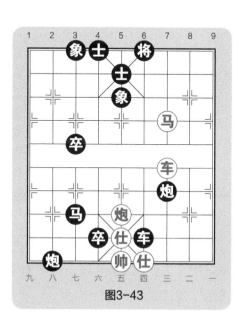

图3-43

【例33】如图3-44，红先。

① 车六平一

这是横向拔簧马的典型攻击手段。

①……　将5平4

黑方如将5退1，则车一平五，士6进5，车五进一，绝杀。

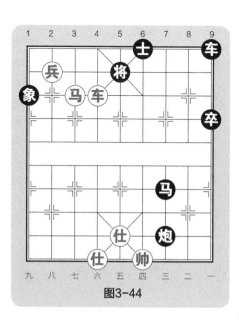

图3-44

②兵八平七　将4退1　　　③车一进二

红方准备下一步车一平四，杀棋。

③……　炮7退1　　　④车一平四　（红胜）

十二、海底捞月

"海底捞月"杀法一般多用于残局。车炮一方通常要占据中路，再用炮借车力在将（帅）底下将对方守护在肋线的车赶走，而后退车用白脸将杀法做成杀势。

图3-45（基本型）

如图3-45，红先。

①炮三进二

红方进炮以形成车炮一条线，这是实现海底捞月杀法的关键。

①……　车4进4

②车五进五

红方进车叫将以后，为右炮左移闪开通路。

②……　将4进1

③炮三平七　车4退4

④炮七进五

红方进底炮是实现海底捞月杀法的第二步。

④……　车4进3　　　　　⑤炮七平六

红方平炮打车迫使黑车离线，这是海底捞月杀法的第三步。

⑤……　车4平7　　　　　⑥车五退四　将4退1

⑦车五平六　（绝杀）

【例34】如图3-46，黑先。

①……　炮3平6

黑方平炮打士后形成海底捞月
的基本型。

②车七退三　炮6平9

③车七进六　车5退3

④车七平四　车5进2

⑤帅四退一　车5进1

⑥帅四进一　炮9平6

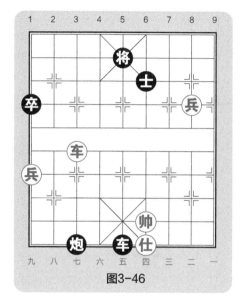

图3-46

黑方再平底炮打车，形成典型
的海底捞月杀势。

⑦车四平七　车5退3

⑧帅四退一

红方如车七退五，车5平6，
车七平四，炮6退2，下一着炮6平7，黑胜。

⑧……　车5平6　（黑胜）

【例35】如图3-47，红先。

①炮八进四

红方进炮是一步好棋，用意是限制黑方象1进3这步棋，因为象1
进3以后黑方有车4平5兑车，成和棋。

①……　卒9平8

黑方如改走象1退3，则车五进五，将4进1，炮八进三，象3进1，

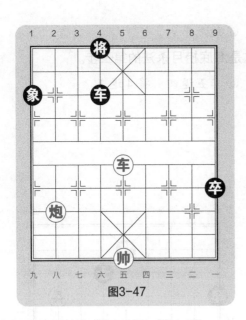

图3-47

炮八平六，车4平3，车五退三，下一步车五平六，红胜。

②车五进二　车4进4

③炮八进三

红方沉底炮一着两用，既可防止黑方象1退3，又是准备形成海底捞月杀棋的关键。

③……　　象1进3

④车五进三　将4进1

⑤炮八平六　车4平7

⑥车五退三　象3退5

⑦车五进一

红方吃象以后，红方已经形成典型的海底捞月杀势。

⑦……　　车7退5　　　　　⑧炮六平八　车7进5

⑨车五退一　车7平4　　　　⑩车五进二　将4退1

⑪车五进一　将4进1　　　　⑫炮八平六　车4平3

⑬车五退四　将4退1　　　　⑭车五平六　（红胜）

十三、进洞出洞

"进洞出洞"杀法又称 "凤凰三点头"杀法，是指攻方在最后两个回合内，利用沉底炮的牵制作用，运车先进打一将，再后退打一将造成绝杀。

如图 3-48，红先。

① 炮八进七　士 5 退 4　　　　　② 车六进五

红方进车吃士，即是进洞。

②……　将 5 进 1　　　　　③ 车六退一

红方退车绝杀，即是出洞。至此，红胜。

【例 36】如图 3-49，红先。

① 马八进六

红方进马叫将为右车肋上叫将做掩护。

①……　车 3 退 2　　　　　② 车二平四　将 6 平 5

③ 炮二进七

红方沉底炮形成典型的进洞出洞杀法。

③……　士 5 退 6　　　　　④ 车四进一　将 5 进 1

⑤ 车四退一　（红胜）

图3-48（基本型）

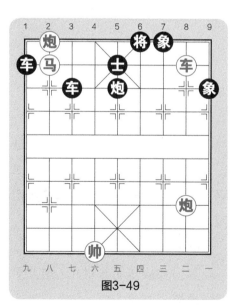

图3-49

【例37】如图3-50，红先。

①炮一进三　车8退8

黑方如改走象5退7，则车四进三，士5退6，马五进四，将5平4，车八平六，杀棋。

②车八平五

红方平车杀士，入局巧手。

②……　将5进1

③车四进二　将5退1

④车四进一　将5进1

⑤车四退一　（红胜）

这局棋，红方后三个回合连续将军，故而得名"凤凰三点头"。

图3-50

【例38】如图3-51，红先。

①马五进三

红方弃马引离黑车的同时，为冲中兵预先通路。

①……　车7进2

黑方如将6平5，则炮九进三，象5退3（车3退8），车二平五，与主变第5回合后续着法相同，红方胜定。

②车二平四　将6平5

黑方如改走将6进1，炮九平四，杀棋。

③炮九进三　象5退3

黑方如改走车3退8，其结果和实战中也是一样的。

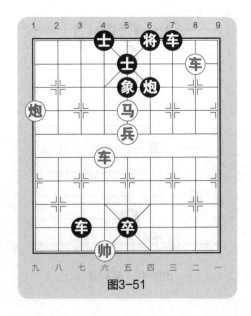

图3-51

④ 车四平五 将5进1　　⑤ 车六进四 将5退1

⑥ 车六进一 将5进1　　⑦ 车六退一 将5进1

⑧ 兵五进一 （绝杀）

十四、炮碾丹砂

　　"炮碾丹砂"是指一方用炮侵入对方底线，借助车力，辗转扫荡对方仕（士）、相（象）或其他子力从而取胜的方法。入局以后，用其他子力进攻，如车、马、炮、兵（卒）、车炮联合、马炮联合、马兵联合等，最好有帅（将）助攻，从而构成杀势胜。

　　如图3-52，红先。

① 车二进三　士5退6

② 炮三进六

红方进炮打将形成炮碾丹砂之势。

②……　士6进5

③ 炮三平六　士5退6

④ 炮六平八

红方连续运炮打将，显示出炮碾丹砂的威力。

④……　象3进1

⑤ 马九进七 （绝杀）

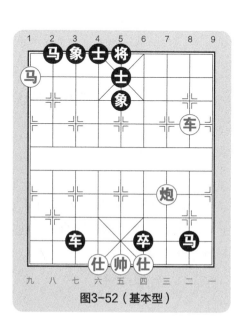

图3-52（基本型）

【例39】如图3-53，红先。

①车九进七　　士5退4

②炮八进三

红方进炮形成炮碾丹砂的杀势。

②……　　士4进5

炮碾丹砂是一种借抽将左右翻打最终成杀的杀法，所以具有一定的持续控制先手的能力。

③炮八平四　　士5退4

④炮四平六　　车3进1

⑤炮六退九

红方解杀还杀，精妙，红胜。

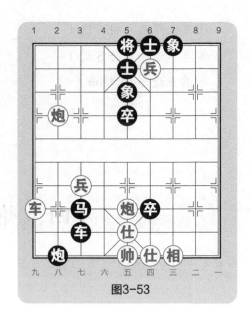

图3-53

【例40】如图3-54，红先。

①炮八进七

红方进炮打将迫使黑方回象，为以后杀棋做准备。

①……　　象1退3

②炮三平六

红方平炮打将，利用炮碾丹砂的杀势完成攻击。

②……　　士5退6

③炮六平四

红方八路炮叫将、六路炮打士，这着也反映出第①回合炮八进七的算度的精准。

③……　　象3进1

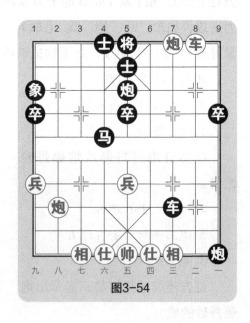

图3-54

④ 炮四退二　　将 5 进 1

⑤ 车二退一

以下黑方必然是将 5 退 1，炮四平九，演成车双炮底线横杀。

【例 41】如图 3-55，红先。

① 炮九平七

红方平炮打象以后，利用炮碾丹砂之势抢先发难，以弥补子力上的损失。

① ……　　士 4 进 5

② 炮七平四　　士 5 退 4

③ 炮四平六　　车 8 进 3

④ 炮六退七

红方 "残局炮还家"，退炮以后利用黑方九宫防守空虚的弱点，展开远程的攻击。

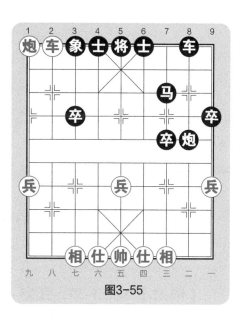

图3-55

④ ……　　将 5 进 1

⑤ 炮六平五　　将 5 平 4

如马 7 进 5，则车八退三，将 5 平 6，车八退七，车 8 平 6，仕六进五，炮 8 退 1，炮五平四，车 6 平 7，兵五进一，红方下一着兵五进一可以得子，红方胜势。

⑥ 车八退一　　将 4 退 1

⑦ 车八退一

红方退车叫杀，迫使黑车守肋。

⑦ ……　　车 8 平 4　　　　　⑧ 车八平三

红方得回失子，胜势。

十五、铁门栓

"铁门栓"是象棋最基本的杀法之一，指的是攻方在中炮牵制守方的情况下，发挥帅或将的肋线助攻作用，配以车或兵对底线发动进攻，从而形成杀局。

如图3-56，红先。

① 帅五平六

红方出帅助攻，形成铁门栓的基本杀势。

① …… 卒6平5　　　　　② 车六进三（绝杀）

【例42】如图3-57，红先。

图3-56（基本型）

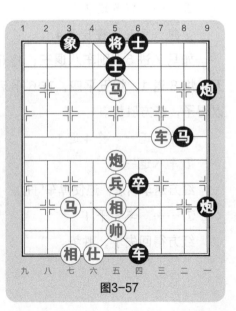

图3-57

①帅五平六

红方出帅叫杀，正确。

①……   象3进5

黑方只能吃马，否则马五进三绝杀。

②车三平六

红方平车占肋，形成典型的铁门栓杀势。

②……   车6退1   ③仕六进五

黑方无解，红方胜定。

【例43】如图3-58，红先。

①炮九平五   士5进4

黑方撑士无奈，如改走炮6平5，则前车进一速胜，又如改走炮3平5，则后车进七，也是绝杀。

②炮六平五

红方平炮叫将紧凑有力。

②……   象3进5

③前车进一

红方弃车砍马，快速入局的精妙之着！

③……   将5平6

④车四进七   将6平5

⑤帅五平四

红方解杀还杀，黑方无解，红方胜定。

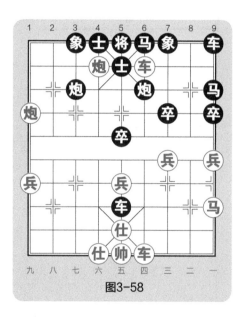

图3-58

【例44】如图3-59，红先。

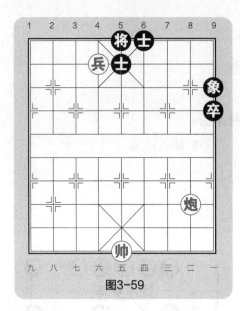

图3-59

① 炮二进六

红方进炮压象眼是取胜的关键。

①……　　卒 9 进 1

② 兵六平七　卒 9 进 1

③ 兵七进一

红方进底兵控制住黑方将门，好棋。

③……　　卒 9 平 8

④ 炮二退二　象 9 退 7

⑤ 炮二平八

红方平炮叫杀，迫使黑方飞中象。

⑤……　　象 7 进 5

红方平中炮控制黑方中线。

⑥ 炮八平五

⑥……　　卒 8 平 7

红方出帅以后形成典型的铁门栓杀势。

⑦ 帅五平六

⑦……　　卒 7 平 6

⑧ 兵七平六　（红胜）

第四章　三子类杀法

本章讲解的三子类杀法包括夹车炮、天地炮、大刀剜心、送佛归殿、二鬼拍门、三车闹士。三子类杀法是象棋杀法中最为犀利的内容，相对于单子类和双子类杀法，更为复杂、激烈，应用的范围也更为广泛。下面我们进入本章的学习中。

一、夹车炮

双炮与车集于一翼，在对方九宫侧翼三条横线上交替将军而获胜的杀法，称为 "夹车炮" 杀法。

如图4-1，红先。

① 车二进六　将6进1　　　　② 炮三进四　将6进1

③ 车二退二 （红胜）

【例1】如图4-2，红先。

① 炮三进六　士5进6

黑方如士5进4，红方仍可车八进四，之后再炮三平七，与主变思路

图4-1（基本型）

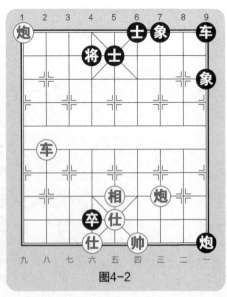

图4-2

相同。

②车八进四　将4进1　　　　③炮三平七

红方平炮以后，伏有夹车炮杀势。

③……　炮9平4　　　　④车八退一　将4退1

⑤炮九退一　将4退1　　　⑥车八进二　（红胜）

【例2】如图4-3，红先。

①车八进一　将4进1

②炮四进六　士5进6

③车八退一　将4退1

④炮四平七

短短四个回合，红方距离很远的四路炮，在车的帮助下，达到了左移的目的，形成了夹车炮的基本型。

④……　马7进8

⑤炮七进一　马3退2

⑥炮七退二　马2进4

⑦车八进一　（红胜）

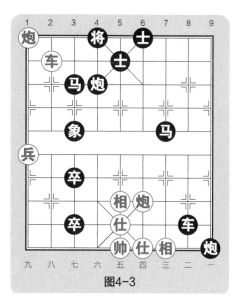

图4-3

【例3】如图4-4，黑先。

①……　车6平8

黑方平车，先手抢占重要线路和攻击要道，为二路夹车炮杀法奠定基础。

②车五平三

红方如改走车五平八捉炮，黑方则炮2进4与实战殊途同归，红方难招架。

②……　炮2进4

黑方进炮好棋，准备右炮左移，形成夹车炮的杀势。

③车三退二　车8进6

④帅五进一　车8退1

⑤帅五退一　炮2平7

黑方运用顿挫战术，完成子力部署。

⑥车三进四　将6进1

⑦炮五平一

红方平炮解围，无奈之举。如改走车三退八去炮，则车8平7，红方败局已定。

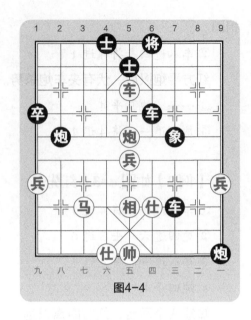

图4-4

⑦……　炮9平8

⑧炮一平二　车8平9　（黑胜）

二、天地炮

"天地炮"是指两炮进攻，其中一炮沉底，另一炮居中，再利用己方其他子力（多半为车），一举杀死对方主将的杀法。

如图4-5，红先。

①炮二进五

红方进炮叫将，形成典型的天地炮杀势。通常把中炮比作"地"

炮，把底炮比作 "天" 炮。

① …… 象9退7

② 车三平五

红方平车杀士，绝杀。

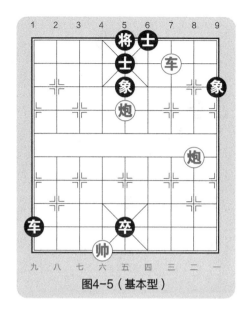

图4-5（基本型）

【例4】如图4-6，红先。

① 车八平五

红方弃车砍士，破坏掉黑方双士联防，是本局取胜的关键。

① …… 车9平5

② 车六进三 车5退1

黑方如改走将6进1，红方车六平四胜。

③ 车六平五 将6进1

④ 车五平四 （红胜）

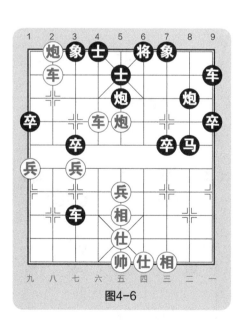

图4-6

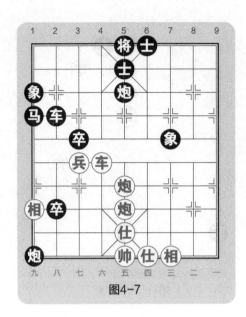

图4-7

④……　车2平4

⑥车四进五　（红胜）

【例5】如图4-7，红先。

①帅五平六

红方次序正确，如误走前炮平二，则车2平8，帅五平六，马1退3，红方攻势尽失。

①……　车2退3

②前炮平二　象7退9

③炮二进六　象9退7

④车六平四

红方一炮在中路，一炮在底线，借帅控制黑方将门，形成绝杀。

⑤帅六平五　车4进4

【例6】如图4-8，红先。

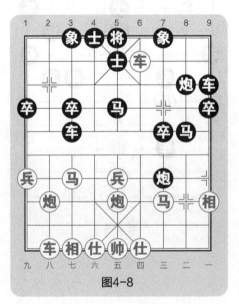

图4-8

①炮五进四　炮8平5

②炮八进七

红方进炮底线，形成典型的天地炮杀势。

②……　马8退7

黑方退马回防，防止车四平五杀士，顽强。

③车八进八

红方再进车下二路，攻势犀利。

③……　车3平5

④车四平五

红方弃车砍士，精妙。

④……　　马7退5

⑤车八平六　　将5平6

⑥车六进一　　将6进1

⑦车六平四　　（红胜）

三、大刀剜心

"大刀剜心"是指在多子联攻的过程中，一方弃车强行换掉对方中士，突破对方防线，或把车置于对方九宫中心送吃，再用其他子力将死对方，也称为"大胆穿心"杀法。

如图4-9，红先。

①车二平五

红方平车杀士，典型的大刀剜心杀法。

①……　　将5平6

黑方如改走士4进5，则车七进五，红方速胜。

②车五进一　　将6进1

③车七进四　　士4进5

④车七平五　　将6进1

⑤前车平四　　（红胜）

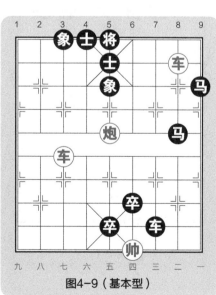

图4-9（基本型）

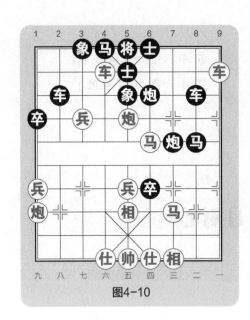

图4-10

【例7】如图4-10，红先。

①车一平五

红方平车杀士，典型的大刀剜心杀法。

①……　士6进5

②车六平五　将5平6

③马四进三

红方弃马叫将，迫使黑车杀马以后自塞炮路。

③……　车8平7

④车五进一　将6进1

⑤炮五平四　（红胜）

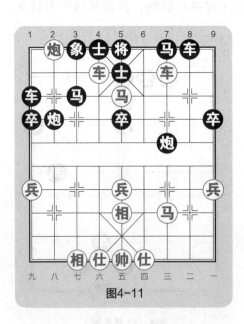

图4-11

【例8】如图4-11，红先。

①马五进七

红方进马卧槽，伏有车六退四，将5平6，车六平四的杀着。

①……　将5平6

②车三平五

红方平车吃士形成大刀剜心杀势。

②……　马3退5

③车六进一　将6进1

④车六平四　（绝杀，红胜）

【例9】如图4-12，红先。

① 炮七进九

红方进炮打象，引离黑方中象，发挥中炮的威力。

① ……　　象5退3

② 车一平五

红方平车杀士，大刀剜心入局。

② ……　　将5平6

③ 车五进一　将6进1

④ 车七进四　士4进5

⑤ 车七平五　将6进1

⑥ 前车平四　（红胜）

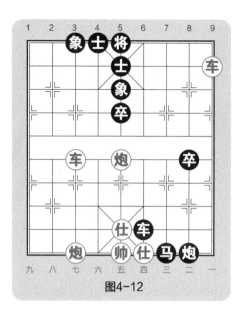

图4-12

四、送佛归殿

兵（卒）借助其他子力的力量，连续推进，步步紧逼对方的将（帅）并获得成功。有的时候，兵（卒）步步将军，把对方的将（帅）逼回原始位置而取胜。南方棋手多称其为"送佛归殿"杀法；又因兵（卒）将军时，一般三步即可取胜，所以北方棋手称其为"三进兵"。

如图4-13，红先。

① 兵六进一

红方巧用黑车作炮架，连续进兵成杀。

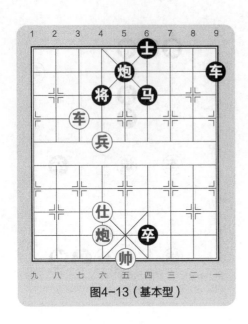

图4-13（基本型）

①……　　将4退1

②兵六进一　将4退1

③兵六进一　（红胜）

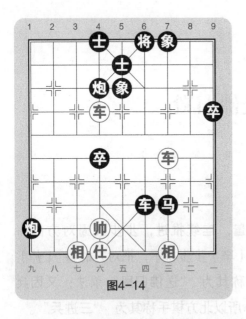

图4-14

【例10】如图4-14，黑先。

①……　　车6平4

黑方弃车把红帅引向宫顶，黑方利用送佛归殿杀法完成绝杀。

②帅六进一　卒4进1

③帅六退一　卒4进1

（黑胜）

【例11】如图4-15，红先。

①前车平六

红方弃车妙手，一着两用：一是引将，使黑方主将高悬；二是塞住象眼，使黑将不能回归原位，如黑方走将4平5，则车七进二杀棋。

①……　　将4进1　　②车七平六　将4进1

红方利用黑方花心炮的堵塞作用，二次弃车，把黑将引上宫顶，接近了红兵，以下红兵终于可以派上用场了。

③兵五平六　　将4退1

④炮五平六　　前炮平4

⑤兵六进一　　将4退1

⑥兵六进一　　将4平5

⑦兵六进一

红兵借助炮力，连冲三步兵，利用送佛归殿杀法完成绝杀，红胜。

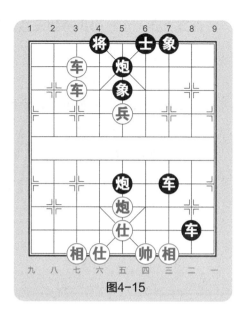

图4-15

【例12】如图4-16，红先。

①炮二平五

红方弃炮引入！迫使黑象回中路，阻塞黑方窝心马。为以后送佛归殿绝杀英勇献身。

①……　　前象退5

②兵六进一

红方弃兵破士，并且吸引黑将到4路。

②……　　将5平4

③前车平六

红方弃车！迫使黑将升到二楼。黑方无奈只能将4进1。如改走将4平5，则车八进五杀棋！

③……　　将4进1　　　④车八平六　　炮1平4

⑤车六进三

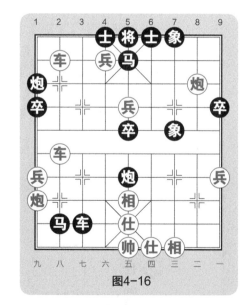

图4-16

红方再弃一车！引黑将到三楼，为红兵进击舍身取义。

⑤……　将4进1　　　　　　⑥兵五平六　将4退1

⑦炮九平六　炮5平4

红方此时借用黑炮做炮架，形成了送佛归殿的绝杀之势！

⑧兵六进一　将4退1　　　　⑨兵六进一　将4平5

⑩兵六进一　（红胜）

五、二鬼拍门

图4-17（基本型）

"二鬼拍门"是指攻方用双兵（卒）或双车或车兵（卒）侵入对方九宫，分别锁住对方肋线，然后配合其他子力强行破士（仕）取胜的杀法。

如图4-17，红先。

①兵四进一　（红胜）

这则杀法中，红方双兵卡住黑方肋线，如同两个把门的"小鬼"，利用底炮的牵制作用，冲兵取胜，这是二鬼拍门的最简的局面。

【例13】如图4-18，红先。

① 马四进三　马1进3

② 兵四进一　士5退6

③ 兵六进一

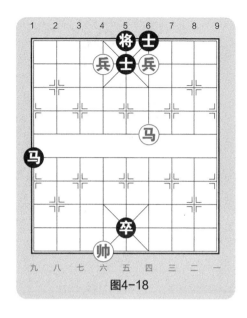

图4-18

【例14】如图4-19，红先。

① 兵三平四

红方平兵形成二鬼拍门之势。

①……　　象3进1

② 后车平一

红方弃车的目的是引离黑马。

②……　　马7进9

黑方如改走马7退6，兵四平五，红胜。

③ 车六平五　将5平4

④ 兵四进一　马9退7

⑤ 兵四平五　（红胜）

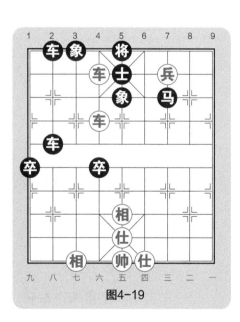

图4-19

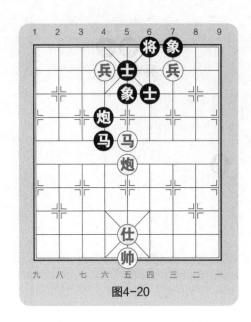

图4-20

【例15】如图4-20，红先。

①兵三平四　　将6平5

黑方如改走将6进1，炮五平四，炮4平6，马五进三，将6退1，兵六平五，马4进6，马三进二，杀棋。

②马五进四

红方进马定将，好棋。

②……　　炮4平7

黑方如改走炮4平5，则兵四平五，将5平6，马四进二，红胜。

③兵四平三

红方也可走兵四平五，将5平6，兵六进一，再兵六平五，杀棋。

③……　将5平6　　④兵六平五　　炮7进6

⑤兵五进一　（红胜）

六、三车闹士

"三车闹士"是用两个车和一个兵（卒）攻击对方的双士而成杀局。因兵（卒）逼进九宫后其威力同车相等，所以称"三车闹士"。此外用两兵（卒）一车攻杀也称三车闹士。三车闹士不仅在杀法中经常运用，在后中局时也常常是破卫的手段。

如图 4-21，红先。

① 车三平四 （红胜）

这是三车闹士的最基本杀法。

【例 16】如图 4-22，红先。

① 兵七进一

红方如改走兵六平五，炮4退1，兵七进一，马5退3，红方取胜非常麻烦。

① …… 炮4退1　　　　② 兵七平六

红方平兵，逼黑马离开防守要点。

② …… 马6退8　　　　③ 车四平五　将5平6

④ 车九进一

红方准备车九平四杀棋，红胜。

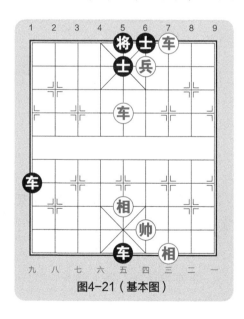

图4-21（基本图）

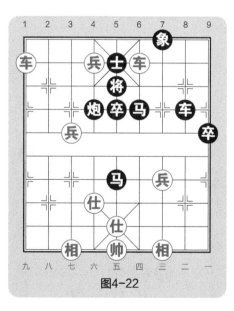

图4-22

【例 17】如图 4-23，红先。

① 兵五进一

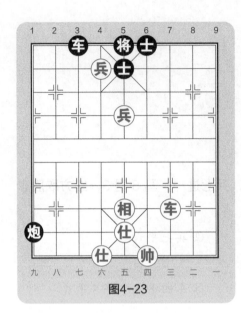

图4-23

①……　士 5 退 4

③相五退七　车 3 进 9

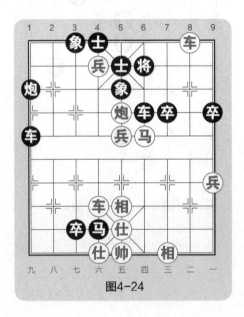

图4-24

红方冲兵形成三车闹士杀法。以下黑方有炮 1 进 1 和士 5 退 4 两种着法。

第一种着法：炮 1 进 1。

①……　炮 1 进 1

②帅四进一　炮 1 退 8

③兵六平五　士 6 进 5

黑方如改走将 5 平 4，则车三进七，红胜。

④车三进七　士 5 退 6

⑤车三平四　（红胜）

第二种着法：士 5 退 4。

②车三进七　炮 1 进 1

④车三平四　（红胜）

【例18】如图 4-24，红先。

①兵六平五

红方平兵破士，入局佳着。

①……　士 4 进 5

②车六进六

红方进车叫杀是上一回合用兵破士的后续手段。

②……　车 6 平 5

③车二退一　将 6 退 1

④车六平五　车 5 平 6

⑤车二进一　象 5 退 7

⑥车二平三　（红胜）

第五章 多兵种组合杀法

在对弈的过程中，擒住对方的将（帅）是取得胜利最基本的标志。因此，熟练掌握各种能够简捷迅速地杀死对方将（帅）的方法，便成为下好象棋的一项重要的基本功。在对局中，虽然每盘棋具体杀死将（帅）的方法可能千差万别，但认真分析以后还是不难发现其中的规律。对这些规律进行概括和总结，便可以得到一些比较典型和常见的杀死将（帅）的方法，这些方法就是基本杀法，基本杀法讲述的是最简捷的进攻子力和最简明的进攻路线。而多兵种组合杀法是各种基本杀法的组合运用，希望读者能仔细揣摩，用心体会，最终达到对各种杀法熟练掌握并能举一反三的目的。

一、车兵组合杀法

车、兵（卒）两子，长短配合，在实战中可以演绎出很多精彩的杀局。车兵常用的杀法有车兵（卒）错杀、白脸将等。

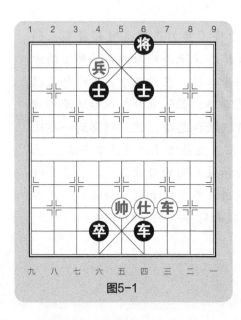

图5-1

【例1】如图5-1，红先。

① 车三进七　将6进1

② 车三退一

这是非常关键的顿挫手段，如急走兵六进一，则士6退5，红方无杀。

②……　　将6退1

③ 兵六进一

红方冲兵下底准备平中攻将，这是红方入局的关键。

③……　　士6退5

④ 兵六平五

红方平兵叫将精妙。

④……　　将6平5

⑤ 车三进一　（红胜）

【例2】如图5-2，红先。

① 炮八进七

红方弃炮拦截，阻断黑方边炮对其右翼的防御联系。

①……　车2退8

②车二进三　将6进1

③兵三进一　将6进1

④车二平四

红方弃车引离黑方中士，以便打通黑方的下二路生命线。

④……　士5退6

⑤车六平四　（红胜）

【例3】如图5-3，红先。

①帅四退一

红方等着。迫使黑车弃守中路。

①……　车5平8

②车四平五　车8平7

③帅四平五　车7平8

④车五退四

红方先从正面做杀，诱出黑车。

④……　车8进8

⑤帅五进一　车8平4

⑥车五进四

红方特底兵之威力，转攻黑棋后方，黑车首尾不能兼顾。

【例4】如图5-4，红先。

这是一则车兵斗车卒的杀局。

①车三进五　车5进1

②帅五平六　车5平6

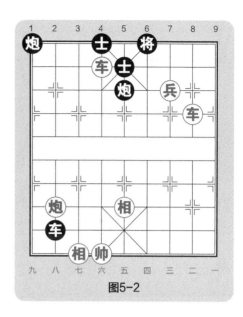

图5-2

图5-3

图5-4

黑方平车守中带攻，既守护肋线，又伏有卒6平5的杀棋。

③车三平五　卒6平7

④帅六进一

红方上帅佳着，如改走兵六平五，将6进1，帅六平五，车6进2，帅五进一，卒7平6，帅五平六，红方无杀。

④……　卒7平6

⑤车五进二

红方进车好棋，控制黑方将位。

⑤……　车6退1

⑥兵六平五　将6退1

⑦帅六退一

红方退帅守中有攻，不给黑方借照将抢先的机会。

⑦……　卒6平7

⑧车五平六

以下红方车六进二，胜定。

二、车马组合杀法

车与马联合进攻，一般称为"车马冷着"。所谓"冷着"，即杀法精彩，令对方防不胜防之意。车马联合攻杀技巧是象棋实战中重要的基本功。

【例5】如图5-5，红先。

①马四进六　将5进1

②车三平五　将5平4

③马六退四

红方马跳挂角再退马叫将，构成拔簧马的绝杀。

③……　　士4进5

④车五平六　士5进4

⑤车六进一　（红胜）

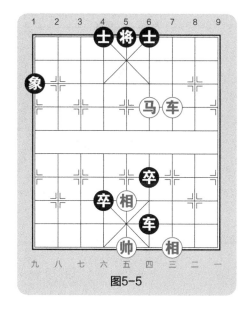

图5-5

【例6】如图5-6，红先。

①马四进六　将6进1

②马六退五　将6退1

黑方如改走将6平5，则马五进三，将5平6，车九退一，红方有连杀的手段。

③马五进三

红方退马叫将，紧凑有力，这是车马配合的常用攻击手段。

③……　　将6进1

④车九退一　象7进5

⑤车九平五　（红胜）

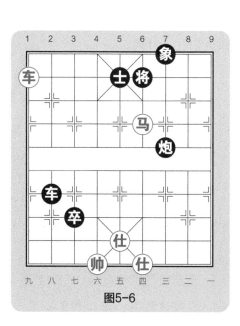

图5-6

【例7】如图5-7，红先。

图5-7

这则杀局中红方利用黑方子力不能回援的弱点，运用车马联攻取胜。

①马五进七　　将4退1

②车二平五

红方平车杀象，伏有马七进八的杀着。

②……　　士4进5

黑方支士为黑将留出更多的活动空间，这是防守方常用的手段。

③车五平九

红方步步叫杀，攻势犀利。

③……　　士5进4

黑方如改走将4退1，则车九进二，将4进1，马七进五，将4进1，车九退二，红胜。

④车九进一

红方借将军把车运动到底线控制黑将的活动空间，这个顿挫不可少，是入局的关键。

④……　　将4退1　　　⑤车九进一　　将4进1

⑥马七进五　　将4平5　　　⑦马五进三　　将5进1

黑方如改走将5平4，则马三进四，将4平5，马四退三，将5平4，车九平五，士4退5，车五退一，红车占花心，胜定。

⑧马三进四　　将5平6

黑方如改走将5退1，则与第7回合注解的取胜方法相同。

⑨马四退二　　将6平5　　　⑩车九平五　　士4退5

⑪马二退三　　将5平4　　　⑫车五退一

以下红方马三退五胜定。

【例8】如图5-8，红先。

这则残局源于李中健大师改编的《适情雅趣》中的"奇文妙武"一局。

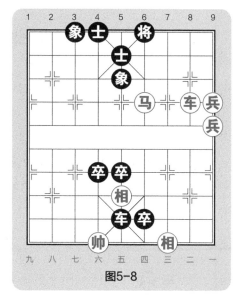

图5-8

①车二进三　将6进1

②马四进二　将6进1

③车二退一

前三个回合，红方进攻如行云流水，现在退车叫杀，完成第一阶段的攻势。

③……　象5退7

④车二平三

这是红方一步控制局面的佳着，如改走车二平四叫将，则将6平5，红方无杀。

④……　将6平5　　　　　⑤车三退四

红方退车叫杀，紧凑。

⑤……　士5进6

黑方如改走士5退6，则马二退四，红方也是胜局，请读者自行拆解。

⑥马二退四　将5退1　　　　⑦车三进四　将5进1

⑧车三平六

红方先进车叫将，再平车叫杀，红车运子的线路清晰。

⑧……　士6退5　　　　　⑨车六退四　将5平6

⑩车六平四

红方马后藏车是车马杀势中经常用到的战术。

⑩……　将6平5　　　　　⑪马四进三　将5平4

⑫车四平六

最终红方用卧槽马杀法取胜。

三、车炮组合杀法

车炮是象棋兵种中 "远程攻击武器" 的典范，行动起来机动灵活。车炮配合可构成凌厉的攻势。进攻时一般用炮牵制对方防守子力，用车做杀攻坚。

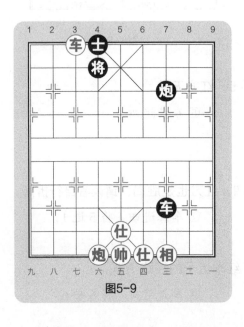

图5-9

【例9】如图5-9，红先。

① 车七退一

红方逼将上三楼是入局的关键。

①…… 将4进1

② 仕五进六 （红胜）

【例10】如图5-10，红先。

① 仕五进六

红方伏炮一平六杀。黑车被迫阻炮，远离本土，后方空虚，可被红方利用。

① ……　　车 6 进 6

② 车五退三

红方伏红车迎头照将，黑车为红炮所牵制，无法回援。

② ……　　炮 6 进 1

③ 炮一进七　　炮 6 平 3

④ 车五进四　　将 4 进 1

⑤ 炮一平七　　卒 2 平 3

⑥ 车五退一

红方重要的顿挫，如红车径直退四叫杀，则黑方尚可车 6 退 6。

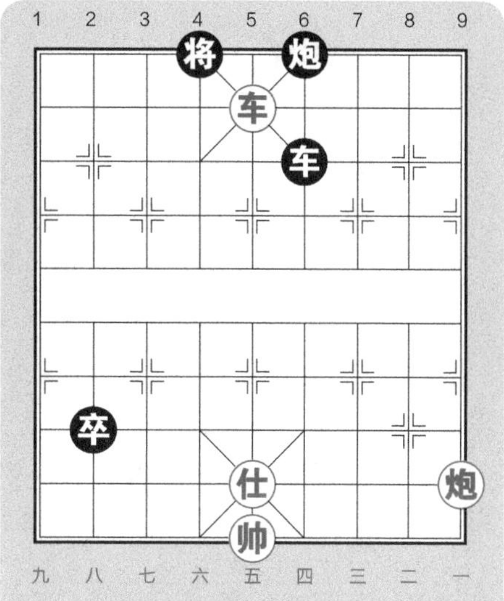

⑥ ……　　将 4 退 1

⑦ 车五退三

红方准备车五平六杀棋，以下如黑方车 6 退 7 解杀，则红方车五进四照将抽车。

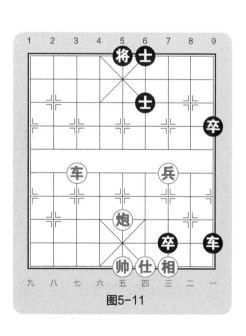

图5-10

【例11】如图 5-11，红先。

① 炮五进六

红方弃炮抢攻，好棋。

① ……　　将 5 平 4

黑方不能吃炮，不论用哪个士吃炮，红方都可车七进五，形成绝杀。

② 炮五平一

红方利用白脸将杀法闪击黑车，正着。

② ……　　车 9 退 4

③ 车七平六　　车 9 平 4

图5-11

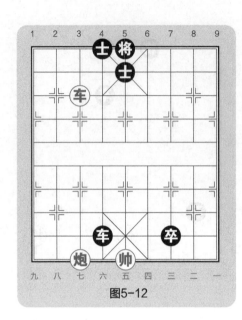

图5-12

④ 车六进一 （红胜）

【例12】如图5-12，红先。

① 车七平三　将5平6

② 炮七进八

红方进炮下二路，入局的佳着。如改走炮七进九，则将6进1，车三进一，将6进1，红方无法入局做杀。

②…… 车4退7

黑方不能走士5进6，否则车三平四，红方速胜。

③ 车三进二　将6进1

红方再次退车打将，迫使黑将登上三楼。

④…… 将6进1

④ 车三退一

⑤ 车三退七　将6退1

⑥ 车三平四 （绝杀）

四、马炮兵组合杀法

马、炮、兵（卒）在象棋子力配置的体系中占有重要的地位，是一个独立的战斗体系。据统计，在对局中残局阶段有三分之一的概率会出现马炮兵（卒）残局，所以熟悉和运用马炮兵（卒）是棋手必须掌握的技巧。

【例13】如图5-13，红先。

① 马八进六　将5进1

② 马六退五　前象退5

③ 马五进七

红方进马叫将，迫使黑方飞象，露出中路的空门。

③ ……　象5进3

④ 兵七平六　将5退1

⑤ 马七进五

此时，兵、马、炮的位置是马炮兵攻击的定式，这一点请初学者体会。

⑤ ……　士4进5

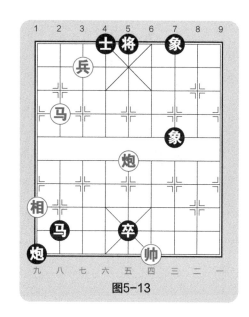

图5-13

⑥ 马五进三　（绝杀，红胜）

【例14】如图5-14，红先。

① 兵六平五　将5平4

红方平炮叫杀，伏有马七进八再炮九进三马后炮的杀棋，正确。这里如果红方先走马七进八，则将4退1，红方无杀。

② ……　象3退1

③ 炮九平三

红炮再平右翼，左右夹攻，正确。

③ ……　士5退6

④ 炮三进二　前士退5

⑤ 兵五进一　（红胜）

这则残局也是马炮兵杀局定式之一。

② 炮八平九

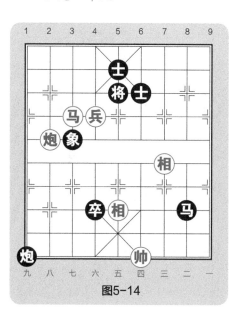

图5-14

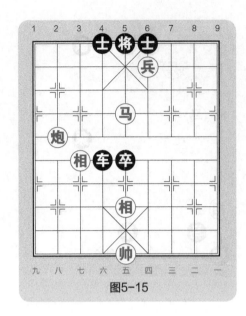

图5-15

①炮八平五　士6进5

黑方如改走士4进5，则炮五平三，士5进6，炮三进四，后士进5，马五进三，车4进1，马三进四，红胜。

②马五退三　士5进4

③兵四平五

红方献兵好棋，黑方不敢走将5进1，否则马三进五马后炮绝杀。

③……　将5平6

④马三进四　车4进1

⑤炮五平四

马后炮绝杀。

【例16】如图5-16，红先。

图5-16

①马九进七　将5平4

②炮五平六　士5进4

黑方如改走炮5平4，则兵六进一，车1平4，兵六进一，将4平5，兵六进一，连杀，红胜。

③兵六进一　车1平4

④兵六进一　将4平5

⑤马七退六

红方退马吃车，继续叫杀。如改走兵六进一，红方取胜颇费周折。

⑤……　士6进5

⑥兵六平五　（绝杀）

五、车马兵组合杀法

车、马、兵（卒）三个兵种联合作战，具有较强的攻击能力，特别是当守方缺士（仕）时，车、马、兵（卒）的威力更易发挥。进攻时，一般用兵（卒）摧毁对方士象（仕相），然后用车马冷着将死对方；或者弃马破士（仕），以车兵残局攻杀入局；亦可用三子合力攻坚，一举围攻取胜。

【例17】如图5-17，红先。

①兵六进一　将4退1

②兵六进一　将4退1

③兵六进一　将4平5

④兵六进一

红方利用黑方窝心马的弱点，用三进兵的杀法，展开攻击。此时红方下底兵正确，如改走兵六平五，将5进1，车二进四，车6退7，解杀还杀，黑胜。

④……　将5平6

⑤兵六平五　将6进1

⑥车二进四　将6进1

⑦马七退六（绝杀，红胜）

图5-17

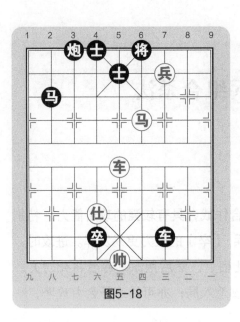

图5-18

红方弃兵破士，正确。

③…… 士4进5

⑤马六进八

红方进马叫将引离黑炮。

⑤…… 炮3进1

【例18】如图5-18，红先。

①兵三平四

红方平兵叫将控制黑将的活动空间，如改走兵三进一，将6平5，马四进六，马2退4，红方无杀。

①…… 将6平5

黑方如改走将6进1，马四进六，将6退1（或士5进4），车五平四，红胜。

②马四进六 马2退4

③兵四平五

④车五进四 将5平4

⑥车五进一 （闷杀，红胜）

【例19】如图5-19，红先。

这则残局选自尚威大师《车马兵联攻妙招》一书，本局中红方车马配合，运用多种杀法，最终绝杀黑棋，着法巧妙。

①车三进一 将5进1   ②马二退三 将5平4

黑方另有两种走法：一是将5进1，兵四平五，红胜；二是将5平6，车三平四，红胜。

③车三退一 士4退5

黑方如改走士4进5，则马三退五，将4退1，车三进一，红胜。

④马三退五 将4进1   ⑤马五退七 将4退1

⑥马七进八 将4进1   ⑦马八进七

红方形成钓鱼马杀势，胜定。

⑦……　　　将4平5

⑧车三退一　　士5进6

⑨兵四进一　　将5退1

⑩车三进一　　马7退6

⑪车三平四　　将5退1

⑫马七退六

红方挂角马绝杀黑方。

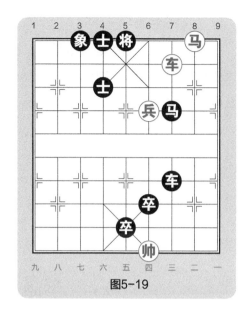

图5-19

【例20】如图5-20，红先。

①车二平六

红方弃车引将，入局的关键。

①……　　　将4进1

②兵六进一　　将4平5

黑方如改走将4退1，则兵六进一，形成三连兵的连杀，红方胜定。

③兵六进一　　将5平6

④马二进三　　将6退1

⑤兵六平五

红方平兵，伏有兵五平四的杀着，紧凑。

⑤……　　　车3平4

⑦帅六进一　　卒5平4

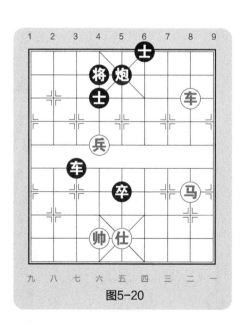

图5-20

⑥仕五进六　　车4进2

⑧帅六退一　　炮5平4

⑨帅六平五

红方正着，如改走兵五平六，则炮4退1，帅六平五，士6进5，兵六进一，炮4平5，帅五平六，士5退6，红兵成为二路线低兵，已经无法取胜。

⑨……　士6进5　　　　　　⑩兵五进一　将6退1

⑪马三进五　炮4平3　　　　⑫马五进三　（红胜）

六、车炮兵组合杀法

车炮兵与马炮兵、车马兵、车马炮一样都是独立的作战集团，特别是当防守方少象时，车炮兵的攻杀尤为犀利。在车炮兵的攻杀体系中，既可以用车主攻，炮兵助攻，又可以用炮主攻，车兵助攻，还可以用兵主攻，车炮助攻。攻杀形式多样，对棋手提高残局功力是很有价值的。

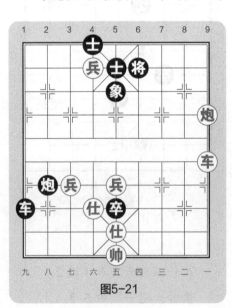

图5-21

【例21】如图5-21，红先。

①车一平四　士5进6

②炮一平四

红方平炮叫杀，这是一步非好

的顿挫着法。

② …… 士6退5　　　③炮四平五

红方借车使炮控制中路。

③ …… 士5进6　　　④兵六平五

红方平兵叫杀，入局关键。

④ …… 士4进5　　　⑤炮五平四 （红胜）

【例22】如图5-22，红先。

①车一进三　士5退6

②炮二进三

红方借车使炮，利用车炮抽将，把子力部署在最佳的攻击位置上，这是车炮兵子力配合时常用的技巧。

② …… 后士进5

③炮二退五　士5退6

④兵五进一

红方弃兵引离黑将，入局的关键。

④ …… 将5进1

⑤炮二平五　将5平6

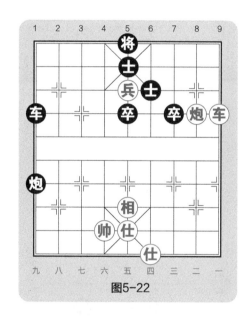

图5-22

⑥车一退一 （红胜）

【例23】如图5-23，红先。

①车一平四

红方利用黑方九宫仅有单士防守的弱点，平车叫将，准备利用白脸将成杀。

① …… 士5进6　　　②车四进三　将6进1

③兵三平四　将6退1

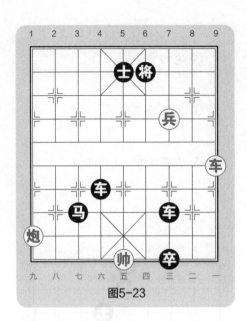

图5-23

④炮九平四　车7平6

⑤兵四进一　将6退1

⑥兵四进一　（红胜）

图5-24

【例24】如图5-24，红先。

①车七进三　将4进1

②车七退一　将4退1

③相五进三

红方飞相露帅打车，解杀还杀，入局的关键。

③……　车7退2

④炮三进三

红方弃炮引离黑车，这是本局的精华。

④……　车7退5

⑤车七进一　将4进1

⑥兵五进一

红方冲兵叫杀，迫使黑方上士解杀。

⑥……　士6进5

红方得子后胜定。

⑦车七平三

第六章　缓杀初探

前几章我们探讨的杀局多是连杀局，攻方从第一步开始至最后一步绝杀对方为止，虽然有一些变着的选择，但从整体来讲是侧重考量棋手计算深度的杀法类型。而缓杀则是隔步杀，或隔一步，或隔二步，甚至更多步（本书所选局例均为隔一步杀），棋手面对杀局时，选择面更宽，对棋手的要求更高，计算棋路时不仅要有深度，也要有广度。

从杀局的形势来看，缓杀局更接近于实战，对棋手练习有很大帮助。下面我们讲解一些比较经典的缓杀局例。

【例1】如图6-1，红先。

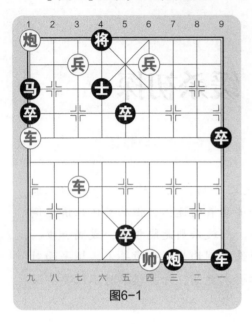

图6-1

① 兵七平六

红方弃兵引离黑将，更主要的意图是为以后七路车的攻击腾出路线。

① ……　　将4进1

② 炮九平一

红方平炮打车解杀还杀。

② ……　　车9平8

③ 车九平二

红方再弃一子，引离对红方致命威胁的黑车，正确。

③ ……　　车8退5

④ 炮一退一

红方退炮叫将精巧，迫使黑车再度退回。

④ ……　　车8退3　　　⑤ 兵四平五　　士4退5

⑥ 车七平六　（绝杀，红胜）

【例2】如图6-2，红先。

粗看本局，红方双车双炮兵似乎已经到达最佳的攻击位置，可以考虑用大刀剜心的杀法完成攻击，但是由于黑车位置极佳，红方显然无法应用大刀剜心杀法实施攻击，那么红方将如何成杀呢？

① 车四进一

红方如强行平车杀士无论是车四平五或是车六平五都无法形成杀棋，而黑方只要走到前车进7即可完成杀棋，因此红方献车也是必走

象棋 杀法运用·升级版

之着。

①……　将 5 平 6

②车六进一

红方再弃一车引离黑方中士，这是入局的关键。

②……　士 5 退 4

③炮七平四　士 6 退 5

④兵三平四

红方平兵紧着，这是取胜的关键。

④……　将 6 平 5

⑤炮四平九

红方平炮拦车，解杀还杀，形成铁门栓杀势。

⑤……　前车进 1

⑥兵四进一　（绝杀，红胜）

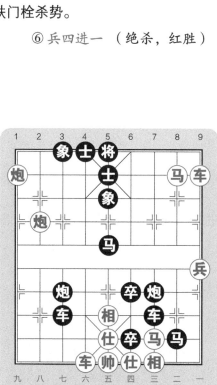

图6-2

【例3】如图 6-3，红先。

①炮八平五

红方平中炮叫杀，伏有马二退四，再炮五平四的马后炮杀着。

①……　炮 3 退 4

黑方退炮以防守红方马二退四的杀着。

②车六进七

红方进车拦炮仍要马二退四成杀。

②……　前卒平 5

③仕四进五　车 3 退 4

黑方退车准备砍炮，这是最为

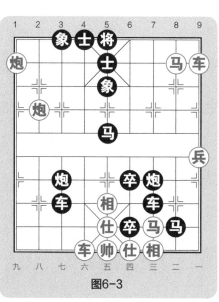

图6-3

顽强的选择。

④马二退四　将5平6

红方借炮使车，精妙。

⑤……　　将6平5

红方平车杀士是借用拔簧马的杀法。

⑥……　　将5平6

⑤车一平四

⑥车四平五

⑦车六进二（绝杀，红胜）

【例4】如图6-4，红先。

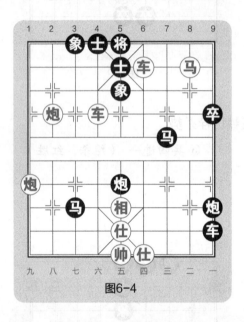

图6-4

①马二进四

红方进马是取胜的关键，算度精准。

①……　　车9平6

黑方如改走马3退1，则炮八进三，车9平6，车四平五，将5进1，车六进二，将5退1，车六进一，将5进1，车六退一，红胜。

②车四平五

红方弃车杀士，正确。

②……　　将5进1

黑方如改走炮5退5，则车六进三，将5平4，炮九进六，象3进1，炮八进三，红胜。

③车六进二　将5退1

④车六进一　将5进1

⑤车六退一

红方借马使车，与进洞出洞杀法有异曲同工之妙。

⑤……　　将5退1

⑥炮九进六　象3进1

⑦炮八进三（绝杀，红胜）

【例5】如图6-5，红先。

①车二进二　将6退1

黑方如改走将6进1，则马七退六，红方速胜。

②车二退五

红方退车叫杀，紧凑有力。

②……　将6进1

③车二平四　将6平5

④马七退六　将5退1

黑方如改走将5平4，则车四平六，卒6进1，马六进四，将4平5，车四进五，红胜。

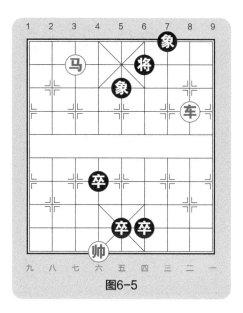

图6-5

⑤车四平六

红方马后藏车是车马冷着常用的攻击思路。可以利用马的斜线控制能力和车的直线攻杀能相配合完成杀棋。

⑤……　将5平6　　　　　⑥马六退四　卒6进1

⑦马四进三

红方形成钓鱼马杀势。

⑦……　将6平5　　　　　⑧车六进六　（绝杀，红胜）

【例6】如图6-6，红先。

这则残局选自李中健《象棋实用排局》中的一则非常值得玩味的杀棋。红方利用黑方双车位置欠佳的弱点，双炮、兵、帅四子齐动，频频利用叫杀的手段步步紧逼，取得胜利。

①炮二退三

红方退炮叫杀，伏炮二平五重炮的杀棋。

①……　车9进9　　　　　②帅六进一　车6进1

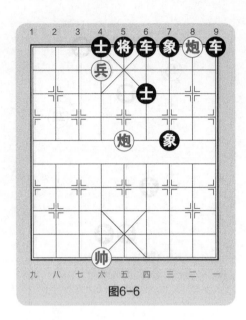

图6-6

黑方如改走车9平5，则炮二平八，车5退5，炮八进三，士4进5，兵六进一，红胜。

③兵六进一　将5平6

黑方如改走将5进1，则炮二平五，红方速胜。

④炮二平四

红方平炮不仅是牵制住黑车，更主要的是这是一步叫杀的手段，伏有炮五平七的绝杀手段。

④……　车9退3

⑤炮五平四　车9平4

⑦帅五平四

⑥帅六平五　车4平5

红方借双炮的掩护平帅四路，正确。

⑦……　车5退4

黑方退车保士是解除红方后炮进二杀棋的唯一手段。

⑧后炮进二　车5平6　　⑨帅四平五

红方平帅到中路，伏有兵六平五的杀棋，黑方已然无解。

⑨……　前车进1　　⑩兵六平五　（红胜）

【例7】如图6-7，红先。

黑方虽然是高车，但是此车仍是被利用的对象。该局着法精巧，需仔细揣度、计算清楚方可。这局棋也是李中健大师所拟的精巧残局之一。

①炮七进五

红方以此诱车，使该车变成 "弱点车"。制造弱点是取胜的一种精妙手段，此着还能配合下一着，构成良好的顿挫手法。

①……　车4进1　　②炮七进四　车4平5

③帅五平四

红方也可走帅五平六，但不如实战简明。

③……　　车5平7

黑方如改走车5平9，则马二退三抽车。

④炮七平一　　车7进5

⑤帅四进一　　车7平9

⑥炮一平八

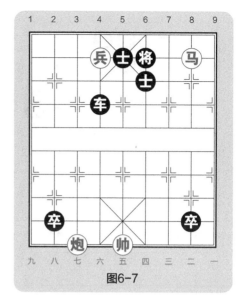

图6-7

红方把黑车调到底线后，再右炮左调，佳着。

⑥……　　车9平7

⑦炮八退三　　士5进4

⑧炮八进二

红方利用顿挫手法把红炮调到攻击的佳位。

⑧……　　士4退5　　　　　　⑨帅四平五

红方平中帅完成最后的攻击准备。

⑨……　　车7退3　　　　　　⑩兵六平五（绝杀，红胜）

【例8】如图6-8，红先。

本局红方利用黑方既不能露将，又被红兵控制肋道的弱点，以中炮肋兵助帅，巧妙配合取胜。

①炮二进二

红方进炮好棋，既使黑象不能回到底线，又伏有兵六平七再兵七进一从底线攻击的手段。

①……　　卒2平3　　　　　　②帅五进一

红方上帅正确，如果帅在底线，下一步黑方卒3平4把红帅卡死在底线，于红方攻击不利。

②……　　卒9进1

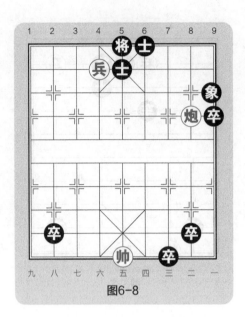

图6-8

黑方如改走卒3平4，则帅五进一，红帅仍然保持对黑方中线的牵制，这就是杀法中控中律在实战中的体现。

③兵六平七　卒9进1

黑方如改走将5平4，则兵七进一，黑方只有将4平5回到原处，从这着棋可以看到第①回合中，红方进炮下二路的深远寓意。

④兵七进一

红方进兵限将，这是杀法常用的思想，为做杀创造条件。

④……　卒9平8

⑤炮二退二　象9退7

⑥炮二平八　象7进5

红方平炮镇中，借用铁门栓的杀势。

⑦炮八平五

⑦……　后卒平7

⑧帅五进一　后卒平6

⑨帅五平六

红方出帅以后形成标准的铁门栓杀势。

⑨……　卒6平5

⑩兵七平六（绝杀，红胜）

【例9】如图6-9，红先。

①前兵平二

一般平兵都是考虑向对方九宫靠近，本局红方反其道而行之，却是精妙非常。这步棋似松实紧，伏有炮一进五，将6进1，马四进二，将6进1，炮一退二马后炮的杀棋。面对红方前兵平二的杀着，黑方有士5进4和士5进6两种选择。

第一种着法：士5进4。

①……　士5进4

② 炮一进五　将6进1

③ 兵二平三

红方首着前兵平二向外开兵，为炮沉底创造了有利条件、逼将上行。这一回合又兵二平三，掉过头来打将，逼黑将不得不再上一步，形成"山顶公"。这是红方取胜的关键。

③ ……　将6进1

④ 马四退三

红方好棋！这着棋的用意不单单是为了马三进五或马三进二叫杀，更深的用意是在于保留黑士，

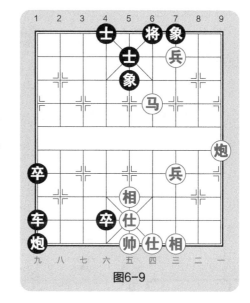

图6-9

让其自扰阵脚，缩小将的活动范围，棋谚"有炮留他士"的道理也在于此。

④ ……　象5进7　　　　　⑤ 马三进五　将6平5

⑥ 炮一退五

红方炮退叫杀，紧凑有力。

⑥ ……　将5退1　　　　　⑦ 炮一进四

红方如随手炮一平五打将，则象7退5以后，红方无杀。这着棋看似和上一着炮一退五重复，实则不然，红炮通过退炮叫杀再进炮打将，先手把底炮调到下二路线来，正确。

⑦ ……　将5进1　　　　　⑧ 马五进三　将5平6

⑨ 炮一退四

红方再退炮；准备进行最后一击，次序井然。

⑨ ……　车1平3　　　　　⑩ 马三退五　将6平5

⑪ 炮一平五

红方马后炮杀棋，红胜。

第二种着法：士5进6。

① ……　士5进6　　　　　② 炮一进五　将6进1

③马四进六

红方进八角马，好棋。这着棋与炮、兵遥相呼应，禁制黑方双象难以运转。

③……　车1平3

红方平兵叫将，抢先发难。

④……　将6平5

④兵二平三

⑤炮一退一　（绝杀，红胜）

【例10】如图6-10，红先。

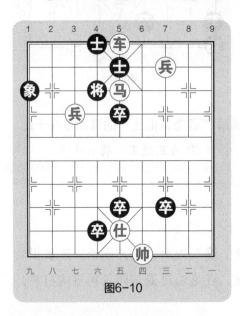

图6-10

①车五平六　将4平5

黑方如改走士5退4，则马五进四，形成八角马杀势，以下红方有兵七平六或兵七进一杀棋。

②车六退三

红方退车叫杀，时机非常重要。这着棋紧紧抓住了局面的要害，扫清进攻道路上的障碍，以车兵配合成杀。以下黑方有卒7平6和士5退6两种变化。

第一种着法：卒7平6。

②……　卒7平6

③车六平五　将5平4

黑方如改走将5平6，则仕五进四，卒5进1，车五平四，将6平5，仕四退五，卒4平5，兵七进一，红方胜定。

④兵七进一　将4退1

红方平车叫将，借用送佛归殿的车兵杀法，逐步限制黑将的活动空间。

⑤……　士5进4

这是红方取胜的关键，只有平兵吃士才是正确的杀法，如改走车六

⑤车五平六

⑥兵七平六

进一，则将 4 平 5，红方无后续手段，黑方抢先成杀。

⑥……　将 4 退 1　　　　　　⑦兵六进一　将 4 平 5

⑧车六平五　将 5 平 6　　　　⑨兵三平四

红方弃兵引离，仍是通过限制黑将的活动空间来取得胜利。

⑨……　将 6 进 1　　　　　　⑩车五平四　（红胜）

第二种着法：士 5 退 6。

②……　士 5 退 6

上一个变例黑方试图平卒抢攻，但是反被红方抢先成杀，本例中黑方通过退士来缓解黑将的空间压力，这样黑方是否能守得住呢？

③车六平五　将 5 平 4　　　　④兵七进一　将 4 退 1

⑤兵三平四

红方平兵限制黑将的活动空间，这是本局取胜的关键。

⑤……　将 4 退 1　　　　　　⑥兵七进一

红方通过连续的叫杀逐步限制黑将的空间。

⑥……　卒 7 进 1　　　　　　⑦兵七平六　将 4 进 1

⑧车五平六　（红胜）

第七章　排局

排局一般是在残局的基础上加工编排而成的各种局式。形势惊险，着法巧妙。排局种类颇多，以民间排局（旧称"江湖排局"）最能体现民间棋手的战术，对象棋残局阶段杀法也颇有实用价值。

排局在一般情况下都是黑方在一两步内取胜，杀法明显。而红方则占据着先行的优势，不过取胜的方法非常隐晦，通常要准确地走五步乃至十几步才能取胜，因此研究这种棋局能够提高象棋爱好者的心算能力，另一方面，也能学到很多实用的杀法。这种棋局，包含着很多内容，比如最常见的是弃子、阻塞、解杀还杀、宽一步胜、迂回等。因此，初中级爱好者习练排局对提高棋力是大有裨益的。

如何更好地学习排局呢？

笔者认为刚接触排局时，最好看回合较少的，一来从简单入手，容易产生兴趣，二来可以熟悉一些常用的技巧。每一步最好采用心算的方法，可以锻炼思维的深度和广度。在有一定棋力的情况下注意排局的归类，这样更有助于我们快速掌握杀法的运子要点及攻击思路。随着功夫渐深，不妨拆解一些比较复杂的排局。这里所说的复杂有两个意思，一个意思是指 "连照局"的着法较长，超过30回合的排局，这类排局着重训练的是计算的深度，另一个意思是做一些缓杀型排局，也就是古谱中所说 "宽紧局"，这类排局对棋手计算广度的提高很有帮助。

学习象棋没有什么捷径可寻，只有内外兼修，才能成为集大成者。其中象棋的 "内"就是指中局、残局的功力和力量。棋手的力量集中体现在 "做杀"的能力和杀法的熟练运用能力 （完成绝杀的能力）。因此，棋手修习排局是提升功力的好方法。

一、排局的归类学习法

排局的杀法虽然各异，但是归根到底都是在基本杀法上加工而成的，这就为我们归类学习排局提供了条件。

1. 马后炮杀法类

【例1】如图7-1，红先。

本局选自《烂柯神机》中的"回风午雪"。

这则残局着法不长，但却是多个基本杀法的组合运用。

①马四进三

红方利用卧槽马逼出黑将。

①……　　将5平6

②车七平四

红方借马后炮的杀势，使用拔簧马的技巧占据要点。

②……　　将6平5

③车四平六

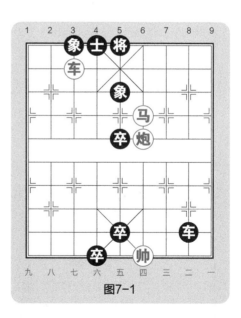

图7-1

红方通过这样的一个顿挫手段把原来在七路位置的车调到六路。

③……　　将5平6　　　　④车六进一　　将6进1

⑤马三退四　（马炮杀棋，红胜）

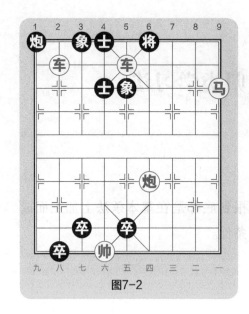

图7-2

④…… 将5进1

⑥马三退五 将5平4

⑧炮五平六 （闷杀，红胜）

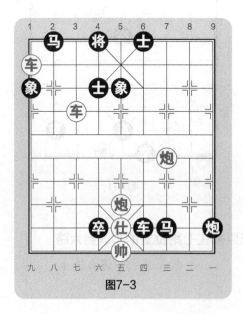

图7-3

【例2】如图7-2，红先。

本局选自《烂柯神机》中的"请君入瓮"。

①车五进一

红方弃车引开黑将，为卧槽马做准备。

①…… 将6平5

②马一进三 将5平6

③车八平四 将6平5

④车四退一

因黑方有底炮，所以红车不能再平六路。

⑤炮四平五 象5进7

⑦车四进一 士4进5

2. 双炮杀法类

【例3】如图7-3，红先。

本局选自《适情雅趣》中的"开窗邀月"。

①车七进三 象1退3

黑方如改走象5退3，则炮三进五，士6进5，车九平六，将4进1，炮五平六，红方闷杀胜。

②车九平六 将4进1

③炮三平六 士4退5

④炮五平六 （重炮，红胜）

【例4】如图7-4，红先。

本局选自《适情雅趣》中的"凿壁偷光"。

①马五进三　炮4平7

②车一平四　炮7平6

③车四进二　士5进6

④车七平四　将6进1

⑤炮八平四　士6退5

⑥炮五平四　（重炮，红胜）

这则残局较【例3】只添了兑马，以下送双车组成重炮杀势，其他的做杀手法与【例3】有异曲同工之效。

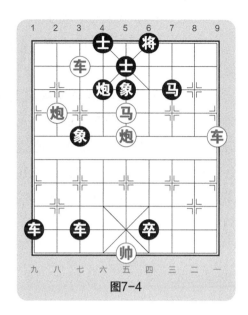

图7-4

【例5】如图7-5，红先。

本局选自《适情雅趣》中的"雁阵排空"。

①车六进四　将6退1

②车六进一　将6进1

黑方如改走炮7平4，则马八进六，红胜。

③车六平四

红方弃子吸引！引黑将至红马可以攻击的位置，以保持连将。这里红方也可走炮五平四，将6平5，马八退六，红胜。

③……　　将6退1

④马八进六　将6进1

⑤马六退四　将6进1

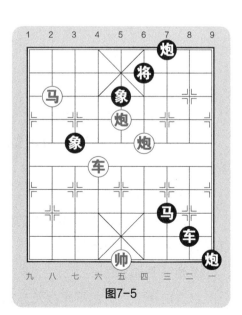

图7-5

⑥炮五平四 （重炮，红胜）

这则残局中红方借送车使马，借送马使炮，迫将上顶，同时形成重炮绝杀。

以上两个残局归类对读者起到抛砖引玉的作用，随着一个棋手打谱量的增加，对残局归类的能力也会越来越强，在这个阶段，棋手的学习任务和目标也要加以改变。在这个阶段不仅要学习杀法、熟练运用杀法，更重的目标是对学习过的杀法资料加以汇总归类，自己汇编成一个习题集，对于一些不够熟练的杀法反复研习，这样才能在实战中达到运用自如的目的。

二、经典排局的拆解

【例6】 如图7-6，红先。

本局选自《适情雅趣》中的 "背水战胜"。

①车六平五 士6退5 　　　　　　②车五退一

红方针对黑将在顶、将位不佳的弱点，退车杀士为边炮平中做杀做准备。

② …… 马7退5

黑方虽然吃车，但是由于红方双兵 "卡"住黑马使其动弹不得，这样黑马就成为红方的炮架。

③炮一平五

红方前两个回合的平车以及弃车砍士都是为这着平炮叫将做准备。

③……　将5平6

④后兵进一　马5进6

⑤炮九平四

以下黑方有马6进8和马6进4两种走法。

第一种着法：马6进8。

⑤……　马6进8

⑥炮四退三　将6平5

⑦兵四平五　（绝杀）

第二种着法：马6进4。

⑤……　马6进4

⑥炮四退三　将6平5

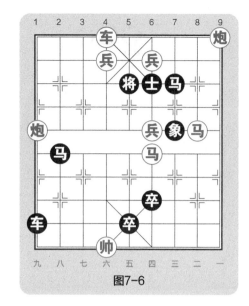

图7-6

黑方如改走马4退6，则马四进三，马6退4，炮五平四，红胜。

⑦兵四平五　将5平4　　　　　⑧炮五平六

红方再平炮叫将，把黑将打回中路，精巧。

⑧……　将4平5　　　　　⑨马四进三　将5平6

⑩马三退五

红方退马叫将控制黑将，佳着。

⑩……　将6平5　　　　　⑪炮六平五　（绝杀）

【例7】如图7-7，红先。

本局选自《适情雅趣》中的"踊跃用兵"。

这则残局最早出自《适情雅趣》，后被多个残局书谱转载，它的攻法精妙，弃兵、补中炮是胜法根据，而所形成的炮兵禁象，则是排局谱的佳作，对实战很有指导意义，它是古典排局中的佼佼者，为历代棋艺研究重视之佳局。

①兵五进一　士5进4

黑方不敢象7进5吃兵，否则红方炮二平五，黑方欠行，红方速胜。

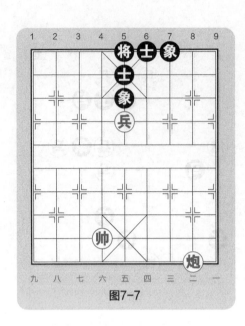

图7-7

②炮二进九

红方牵制士象，以便中兵发动进攻。

②……　士4退5

③帅六进一

红方等着，准备吃士。

③……　士5进6

黑方被逼进士，如改走士5进4，则帅六平五，将5平4，兵五平六，红方速胜。

④兵五平四　将5进1

以下红方有炮二平四和炮二退一两种取胜方法。

第一种着法：炮二平四。

⑤炮二平四　象7进9　　⑥炮四平二　象9进7

⑦炮二退三

红方控制黑象的活动空间。

⑦……　将5退1　　⑧炮二平四　将5进1

⑨帅六退一

这是红方良好的等着。

⑨……　将5退1　　⑩兵四进一

红方进兵控制黑将，迫使黑方必须回象。

⑩……　象7退9　　⑪炮四平二

这又是红方的一步控制局面的好棋。

⑪……　象9退7　　⑫炮二进二　（红胜）

第二种着法：炮二退一。

⑤炮二退一

红方塞象眼，掩护红兵前进。

⑤……　将5退1　　　　　　　　⑥兵四进一

红方管住将士象三子。

⑥……　士6进5　　　　　　　　⑦炮二平五

红方用炮吃士，然后运炮塞象眼，这是非常简明的取胜办法。如误走帅六平五，则将5平4，炮二平五，象7进9，炮五退二，象9进7，炮五平四，将4进1，兵四平五，将4退1，帅五退一，象7退9，炮四平二，象9退7，兵五平四，象7进9，帅五进一，将4进1，和棋。

⑦……　象7进9　　　　　　　　⑧炮五退二　象9进7

⑨炮五平四

以下红方连续塞象眼，最终造成黑方欠行。

⑨……　象7退9　　　　　　　　⑩炮四平二　象9退7

⑪炮二进二　（红胜）

【例8】如图7-8，红先。

本局选自《渊深海阔》中的"破釜焚舟"。

这是一则连照杀局，红方使用的技巧不多，但是通过这样的杀局练习可以提高深度计算的能力，这也是棋手必须具备的基本功之一。

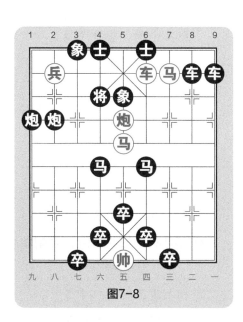

图7-8

①车四平六　将4退1

②兵八平七　将4进1

③马三进五　士6进5

④炮五进二　炮2平5

⑤炮五退二　车8平5

⑥炮五进二　马4退5　　　　　　⑦炮五退二　车9平5

⑧炮五进二　炮1平5　　　　　　⑨炮五退二　士4进5

⑩炮五进二　马6退5　　　　　　⑪炮五退二　（红胜）

【例9】如图7-9，红先。

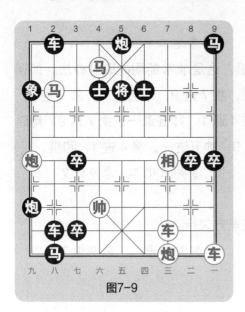

图7-9

黑方只要走前车退1即可绝杀红方，因而红方必须连续照将才能保持不败。

① 车三平五　炮5进8

② 炮三平五　炮5平9

③ 相三退五　炮9平5

④ 相五进七

红方通过飞相、落相吃掉黑卒。

④ ……　　炮5平9

⑤ 相七退五　炮9平5

⑥ 相五进三　炮5平9

⑦ 炮九平五　炮9平5

⑧ 前炮平二　炮5平9

⑨ 相三退五　炮9平5

⑩ 相五进七　炮5平9

⑪ 炮二平五　炮9平5

⑫ 前炮平六

红方平炮以后再次通过落相后再飞相吃掉边卒。

⑫ ……　　炮5平9

⑬ 相七退五　炮9平5

⑭ 相五进三　炮5平9

⑮ 炮六平五　炮9平5

⑯ 前炮平一　炮5平9

⑰ 相三退五　炮9平5

⑱ 相五退七　炮5平9

⑲ 炮一平五

红方再次平炮叫将迫使黑炮填在中路，这样可以解放边车。

⑲ ……　　炮9平5

⑳ 前炮平七　炮5平9

㉑ 相七进五　炮9平5

㉒ 炮七进三　将5退1

㉓ 车一进八　马9进7

㉔ 车一平三　将5退1

㉕ 马六退四　将5平6

㉖ 炮五平四　炮5平6

㉗ 车三进一　将6进1

㉘ 马四进六　将6平5

㉙ 炮七进一　将5进1

㉚ 车三退二　炮6退6

㉛ 炮四平五

红方也可车三平四，红胜。

【例10】如图7-10，红先。

本局选自 《渊深海阔》中的 "完璧归赵"。

① 车一进一

红方献车是解杀的唯一手段。

① ······ 车8平9

② 车七平五 卒3进1

黑方如改走象3进5，则马八进九再马九进七，红方卧槽马胜。

③ 马八进六 车5平6

④ 帅四进一 炮9平3

黑方平炮防守红马卧槽。

⑤ 车五平七

红方再献一车，仍要马六进七卧槽马杀。

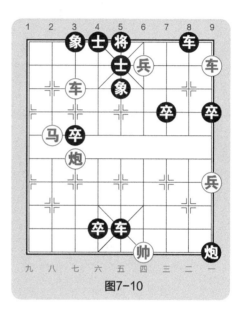

图7-10

⑤ ······ 士5进4

⑥ 车七平六 车9平8

⑦ 车六平二

红方三度献车，着法精妙。

⑦ ······ 车8平7

黑方如改走车8进2，则兵四进一，绝杀，红胜。

⑧ 车二平四

红方伏有兵四进一，车7平6，车四进二的杀棋。

⑧ ······ 士4进5   ⑨ 兵四平五 将5平4

⑩ 车四平六 （绝杀，红胜）

第八章 象棋十诀

《象棋十诀》最早出自南宋陈元靓的《事林广记》，全文是：不得贪胜；入界宜缓；攻彼顾我；弃子争先；舍小就大；逢危须弃；慎勿轻速；动须相应；彼强自保；我弱取和（或势孤取和）。现代象棋讲究的"子力均衡发展、马活车明、以双方行棋步数计算得失与否"，也是得益于《象棋十诀》。

本章讲述的《象棋十诀》与原文略有区别，参考了部分围棋的内容，利用古典理论，结合兵书、象棋战略与战术技巧，全面阐述象棋的一般胜负要诀，望读者仔细研习，对提高棋艺技巧定有裨益。

一、持重勿贪

　　"持重勿贪"，"持重"从字面上理解是谨慎、稳重的意思。本条的要点在 "勿贪"这两个字上。对弈双方有什么可 "贪"的呢? 最简单的理解是 "贪子""贪胜"。我们常说某某棋手 "被胜利冲昏了头脑，赢到家的棋走飞"这就是贪胜的后果。

　　我们讲 "贪"其实是一种心态，是对于喜好的过分偏执。从棋理上讲，棋手对胜负可执着，但不能偏执，偏执了就是一种 "贪"。

　　我们知道棋手在实战中越是对胜利存有贪念，就越得不到胜利。这不是告诫棋手不要去努力争取胜利，而是告诫棋手，特别那是些所谓的 "攻击型"棋手和 "力战型"棋手，不可过 "贪"。这类棋手往往在优势很大或者是已经胜利在握的情况下，仍然冒险强攻；或者是明明需要简化局面，却去追求复杂的攻击方法，力求杀得好看，走得漂亮，结果因为急功近利、疏于防守，出现漏洞，给了对方可乘之机，不仅没有拿到已经到手的胜利果实，反而导致本方实力亏损，当胜反和，甚至转胜为败。这些惨痛的教训我们当引以为鉴。

　　【例1】如图8-1，红先。

　　看到这一则残局，很多业余棋手会感觉这棋不难啊，很简单，只要把红方二路车露出来，就可以绝杀了。

　　于是红方设计了这样的一个进攻方案。

①后炮平四　　前卒平6　　　　②炮二平四　　卒5平6
③车二进九　　象5退7

可是当红方走到车二进九时，突然发现黑方有象5退7解杀还杀的手段，贪胜的红方反而被黑方杀棋（图8-2）。

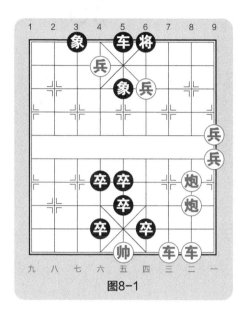

图8-1

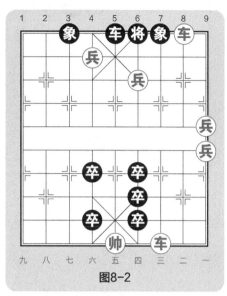

图8-2

直到此时，红方追悔莫及。这里红方（图8-1）正确的走法应该是：

① 后炮平四　前卒平6　　　　　　　② 炮二平四

红方连续弃炮，闪出车路。

② ……　卒5平6　　　　　　　　　③ 兵四进一　将6进1

④ 兵六平五　车5进1　　　　　　　⑤ 车三进八

红方通过连续弃双兵把黑将和黑车引到一线上来，为消灭黑车做准备。

⑤ ……　将6退1　　　　　　　　　⑥ 车二进九　象5退7

⑦ 车三平五

吃车叫杀，这是红方设计好的攻击计划。

⑦ ……　象3进5　（图8-3）

这里红方已经解决了黑方最有效的攻击子力——车。红方有双车双兵的优势，难道还会怕只有五个卒的黑方吗？于是有的棋手又会走出一步贪胜的棋，车五退一！反正黑方现在没有杀棋，红车杀象以后，双车威力巨大，还会输棋吗？

⑧ 车五退一 （图8-4） 后4卒平5

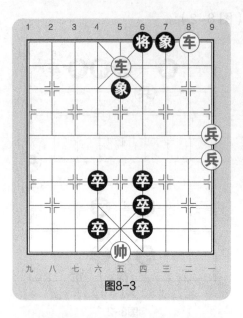

图8-3

图8-4

这是黑方一步反客为主的好棋。

⑨ 车二平三　将6进1　　　　⑩ 车三退一　将6退1

⑪ 车五平四　将6平5

黑方下一着前卒6平5，再卒6进1绝杀。

⑫ 车三退七

红方为解燃眉之急，只好弃车。

⑫ ……　前卒平7　　　　⑬ 车四平三　卒7平6

黑方仍走前卒6平5，帅五平四，前卒6进1，绝杀。

红方再次为 "贪胜" 付出了沉重的代价。那么走成图8-3时，红方正确的走法是什么呢？

⑧ 车二退八

红方退车，准备一车换双卒，解除后防危机。

⑧ ……　后6平5

这对黑方也是一个考验，如果黑方 "贪胜"，走前卒6平5，车二平五，前卒4平5，帅五进一，后卒平5，车五平六，卒5进1，帅五平六，卒4平3，车六平七，卒3平4，车七退六（占据要点），将6平5（如改走卒4进1，车七平六，卒5平4，帅六进一，由于黑卒是低卒不能阻挡红帅的助攻，红方双兵过河以后，形成二鬼拍门的杀势，红方胜定），帅六退一，卒4进1，车七退一，这样黑方三个卒都不能攻下来，红方双兵到位以后，胜定。

⑨　车五平六

红方再盯住黑方4路卒，红方双车守住黑方攻帅的两条至关重要的"生命线"。

⑨……　将6平5　　　　⑩　车六平八

红方守中有攻，伏有车八进一的杀棋。

⑩……　前6平5

黑方必须引离红方右车，否则红方抢攻在先。

⑪　车二平五　前卒平5　　　⑫　帅五进一　卒5进1

⑬　帅五退一　卒6进1　　　⑭　车八退七

红方再次守住要点。

⑭……　卒5进1　　　　　⑮　车八平五　卒6平5

⑯　帅五进一　卒4平5

⑰　前兵进一　象5进3

⑱　前兵平二　象3退5

⑲　兵一进一

黑方占据中路，可以挡住红帅的助攻作用，和棋。

【例2】如图8-5，红先。

这里红方拥有子力价值上的绝对优势，似乎已经是胜券在握。甚至有些心急的朋友已经拟出着法。

①　炮三进四　车6平7

图8-5

图8-6

② 炮二进四　车7平8

③ 车一平六　（红胜）

实际的情况真是这样吗？答案是否定的。

② 炮二进四　车7进4

当红方炮二进四时，黑方是不会走车7平8的，而是选择车7进4形成图8-6的形势。

③ 前兵进一　将4平5

如果黑方贪胜走将4进1，车一进三，将4进1，兵五进一，绝杀，红胜。

④ 车一平三　卒4平5

黑方正确，如改走卒6平5，帅五平四，卒4进1，炮二退九，守住底线，红胜。

⑤ 帅五平六　卒6进1　　⑥ 车三进四　将5进1

⑦ 兵五进一　将5平6　　⑧ 兵五平四　将6平5

黑方这两个回合走得冷静。黑方无论在哪个回合吃掉红兵，红车都可以抽将吃掉黑卒。

⑨ 兵四进一　将5平6　　⑩ 车三退一　将6退1

⑪ 车三平四

红方献车为底炮引出空间。

⑪ ……　　将6进1　　⑫ 炮二平五

红方守住要点，和棋。

这一节我们主要通过两则例局讲解了"持重勿贪"这一要诀，下面我们将学习第二个要诀——入界宜缓。

二、入界宜缓

"入界宜缓"与"持重勿贪"不同，这是专门总结杀法中某种情况产生的要诀。从字面上理解，"界"字是比较明确的，如"界限""地界"等，在象棋中则是指对方的防御阵地或者拱卫将（帅）的九宫重地。"宜缓"是本诀的关键，"缓"字表示"入界"的尺度，而不是让棋手错失战机的"缓着"。"缓"的正确尺度是非常重要的，"过深"或"过浅"都会导致不良后果。

这条要诀适用于：在攻杀时，局部局面敌强我弱，不宜强战，此时要利用弃、献、拦等手法，侵消对手防御的厚势或者冲击对方的九宫，达到杀王的目的。

"入界宜缓"的整体意思为：进入对方防御阵地时，要谨慎从事，分寸适宜，切忌冒进。

下面我们结合战例详细阐述。

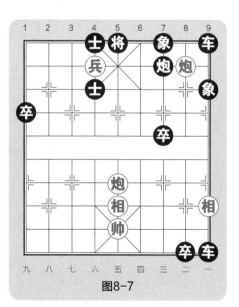

图8-7

【例3】如图8-7，红先。

这则残局初看起来，红方没有什么好的取胜办法。如炮二退二，炮7进2，黑炮不断拦截，红方是无法取胜的。实战的情况真是这样吗？

① 兵六平五　将5平6

②兵五平四

红方先不活动大子，而是利用红兵的移动来控制黑方将门，这正是入界宜缓的要诀。首先限制对方将的活动，然后正确把握切入的时机，而不是急于求成。

② ······ 将6平5

红方退炮叫杀，正确。"入界宜缓"并不是要错失战机，如炮二退二，炮7进2，炮二平九，炮7平2，炮九进三，炮2退3，炮九退一······演变下去虽然仍是红胜，但是非常麻烦。这个"缓"和要诀中的"缓"是完全不同的两个概念。如图8-8形势，黑方有三种走法。

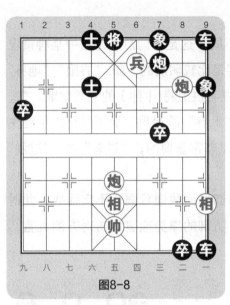

图8-8

第一种着法：前车退1。

③ ······ 前车退1

④帅五退一 炮7进2

⑤炮五进三

红方进炮拦炮，好棋。

⑤ ······ 前车平5

黑方献车无奈。

⑥帅五进一 炮7退1

红方平炮打士，借力打力，形成重炮之势。

⑦ ······ 车9进1

第二种着法：炮7进1。

③ ······ 炮7进1

⑤炮五进三 前车退1

⑦帅五进一 车9进1

③炮二退一

④炮二平六 炮7进1

⑥帅五退一 前车平5

⑦炮二平六

⑧炮六平五 （红胜）

⑧炮六平五 （红胜）

第三种着法：炮7进2。

③……　　炮7进2

④炮五进三　前车退1

⑤帅五退一　前车平5

⑥帅五进一　炮7退1

⑦炮二平六　车9进1

⑧炮六平五　（红胜）

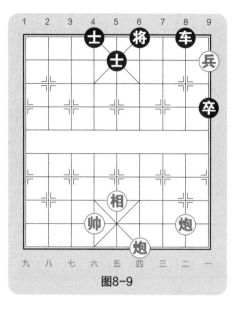

图8-9

【例4】如图8-9，红先。

①炮二平四　将6平5

②后炮平七

红方并不急于杀入黑阵中去，而是利用 "照将" "叫杀" 等手段，侵扰黑方的防御阵地，迫使黑方减弱防守力量。

②……　　士5退6　　　　③炮四平五　士4进5

④炮七平三

红方平炮这着棋威胁黑方底线的 "闷宫" 杀势。牵制黑方底车。

④……　　卒9进1　（图8-10）

此前的4个回合，红方深得 "宜缓" 要领，红帅在左肋控制黑方将门；一个炮镇在中路，控制黑方中线，黑方双士已经没有办法离线；另一个炮牵制黑方底车，一旦黑方底车离线，即有闷宫的杀势。这里进入了一个关键点，我们讲 "入界宜缓" 并不是不 "入界"，而是要在合理的时机 "打入"。

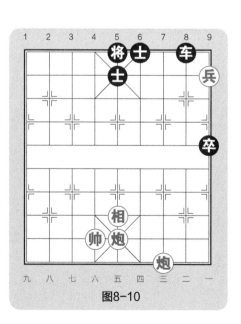

图8-10

综上分析，此时红方已经具备了 "入界" 时机，恰好 "深浅" 适宜，控制了黑方主要子力，暴露出黑方的弱点，在符合 "宜缓" 的要领后，可以进行展形攻击的 "入界"。

⑤兵一平二

弃兵引离，挑起争端，红方由此 "入界"，双方展开短兵相接。

⑤……　车8平7

黑方如改走车8平9，炮三平五，车9进3，相五进三，车9平5，后炮进六，重炮绝杀。

⑥相五进三

红方叫将抽车，取胜的关键。

⑥……　士5进4　　　　　　⑦炮三进九　将5进1

⑧炮五进三

红方控制黑卒，简明有力。

⑧……　将5进1　　　　　　⑨兵二平一

红方准备平炮打死黑卒。

⑨……　将5平6　　　　　　⑩炮三平一　士4退5

⑪炮五退四　将6平5　　　　⑫炮一退四　士5退4

⑬兵一平二　士4进5　　　　⑭相三退五　将5平6

⑮兵二平三

红方控制黑将，紧凑有力。

⑮……　士5退4　　　　　　⑯炮五平三　士4进5

⑰炮三进七　士5退4　　　　⑱炮一进二

重炮绝杀，红胜。

通过以上结合实例的详细解说，大家应该对于 "入界宜缓" 已经有了基本的认识，虽然在实战中还会遇到各种各样的问题，但是只要记住要领即可解决问题。

三、攻彼顾我

"攻彼顾我"这条要诀的意思似乎很容易理解，就是"攻击对方的时候要注意照顾自己"。要诀中隐含着一个棋理——相机而攻。本条要诀的核心在"顾"字上。

我们知道棋战要想取得胜利，就必须组织进攻，没有进攻就没有胜利。但是进攻的权力是平衡的，你可以进攻我，我也可以进攻你。虽然你可能在整体上占据优势，这不要紧，我可以局部组织反击，甚至搞一些小的偷袭，这都是棋战的常见情况。因此，棋手必须要时刻保持清醒的头脑，只有攻守兼"顾"，才不至于顾此失彼。这是"攻彼顾我"在棋理上的解释。

那么在实战中如何应用"攻彼顾我"呢？首先既然本条要诀已经提到"攻"，那就是说我方已经能够攻击对方，换句话说就是讲自己在全局或某一局面上占有一定优势，否则是不具备攻击条件的。然而，这样的优势并不是压倒性的优势，处置稍有不当，就有可能被对手偷袭或翻盘。因此，在进攻的时候，必须要伺机而攻，择时而动，做到攻守兼"顾"。

其次，本条要诀中的"顾我"指的范围很大，既要注意攻击时不要过头，"开弓没有回头箭"就是这个道理，又要注意攻击时照顾到自己的薄弱部位，及时修补弱点。如何利用自己的已有优势，转换成胜势都属于"顾我"的范围。

简单地归纳一下，"顾我"应该是要注意以下几个问题。

①掌握好攻击的分寸，结合自己棋形的特点、子力配置的情况以及

子力优势的程度，做到既不过分，又非绵软无力。

②攻击时，注意自己棋形上的弱点和保护自己的薄弱部分，不给对方反击或偷袭的机会。

③掌握攻击方向，利用引离、引入、牵制等战术手段，配合兑、献、拦、弃等手法选择正确的攻击线路，为一击制胜创造条件。

下面结合战例详细解释。

【例5】如图8-11，红先。

图8-11

当前局面下，红方无论是从子力价值上，还是从子力配置上都具有压倒性的优势，进攻是红方主要的作战思路。初看起来，红方的进攻路线也是非常明确的，只要闪开车路，走到车二进五即可取胜。心急的读者可能已经拟好了着法。

①前炮平六　车4进1

②炮二平六　车4进1

③车二进五　象5退7

④车二平三　（图8-12）

红胜？错！当第2回合红方炮二平六时，黑方不会再走车4进1，这里还有一个车4平5解杀还杀的手段（图8-13），当黑方走到车4平5时，红方才恍然大悟，意识到第2回合炮二平六时发力过猛，攻击过了头，没有运用"攻彼顾我"的要诀，下面的着法将演变为：

③仕六进五　卒6平5　　④帅五平六　车5平7

黑方这是一步"攻彼顾我"的巧着。

⑤车二退四

红方如改走车二进五，象5退7，红方仍要车二退九守住底线，这样

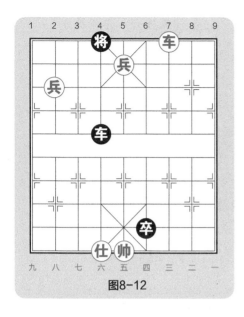

图8-12

图8-13

黑方车7平1速胜。

⑤……　车7进4　　　　　　⑥炮六退四　象5退7

黑方退象就是本诀的要点，伺机而攻，先弥补了底线的弱点再进攻。

⑦兵八平七　卒5平4　　　　⑧帅六平五　车7平5

⑨帅五平四　卒4平5

攻就要攻得坚决。如黑方退车吃中兵也是胜势，但是取胜就麻烦了很多。

⑩兵五平六　将4平5

以后黑方车5平6绝杀，胜定。

所以说，红方要重新计算，既然弃炮露车的思路和路线的选择没有问题，那么红方是哪个环节出了问题呢？

回过头来，我们思考一下，不难发现第2个回合，炮二平六叫将的时机不对，给了黑方解杀还杀的机会。接图8-11，红方正确的走法应该是：

①前炮平六　车4进1　　　　②仕六进五

这是红方正确的步骤。先弥补了自己的弱点，再做进攻的计划。

② …… 车4进5　　　　　　③ 仕五进六　车4退1

④ 炮二平六

红方解杀还杀的好棋。

④ …… 车4平5　　　　　　⑤ 帅五平六　象5退7

⑥ 车二平六

红方炮后藏车，准备闪击黑将。

⑥ …… 车5退6　　　　　　⑦ 炮六平九　车5平4

黑方如改走将4平5，车六进五绝杀。

⑧ 车六进四　将4平5　　　⑨ 炮九进三　卒6平5

⑩ 车六进一　将5进1　　　⑪ 兵八进一　将5进1

⑫ 车六退二　（红胜）

本例中，红方在攻击对方的同时，能够照顾好自己的弱形，这是一个很好的伺机而攻好例子，同时要提出的是，一个优秀的 "攻击型" 棋手，是不会棋胜不顾家的！

【例6】如图8-14，红先。

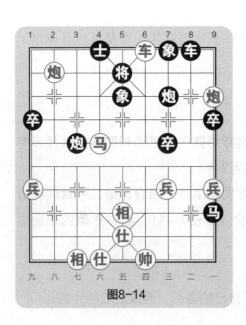

图8-14

① 炮一平二

红方平炮是典型 "攻彼顾我" 的思路。在防御上延缓黑方车8进9，相五退三，车8平7，帅四进一，马9退7，帅四进一，车7退2，帅四退一，车7进1，帅四进一，车7平6绝杀的手段。在进攻上这着棋可以封锁黑方宫城线，伏有车四退一，将5退1，马六进五，士4进5，车四平五，将5平4，车五平四，将4平5，车四进一，将5进1，马五进七绝杀的手段。

① ……　马9退7

黑方如改走车8进2，马六进四，黑方丢车也是败局。

② 车四退一　将5退1 ③ 马六进五　马7进8

④ 帅四进一　炮3进4 ⑤ 仕五退四　马8退7

⑥ 帅四平五　士4进5 ⑦ 车四平五

红方借马后炮的威胁杀掉中士，好棋。

⑦ ……　将5平6 ⑧ 马五进七　炮7平5

⑨ 帅五平六　车8进2 ⑩ 车五进一　（绝杀，红胜）

越是在复杂的对攻局面中，棋手越应注意 "攻彼顾我"。

四、弃子争先

"弃子争先"这条要诀，对于初学者尤为重要。初学者对于 "杀"的概念较为淡薄，对 "子"的概念却很在意，这是一个典型的思维误区。本诀从棋理上理解是通过弃子的手段达到争先的目的。

我们要明确的是 "弃子争先"中的 "弃子"和第六诀 "逢危须弃"的 "弃子"并不重复，两者有本质上的不同，"弃子争先"中的弃子是主动弃子，其目的是为了达到争先或争胜而运用的手段；"逢危须弃"中的弃子是被动弃子，是为了挽救危局而被迫采用的手段，两者之间有本质区别。

我们知道，象棋胜负并不是以终盘时存在的子力多少来计算的，这一点和围棋不一样。象棋的胜、负、和三种结果是紧紧围绕将或帅的生存还是死亡为核心的。一方将或帅被吃掉，虽然他有很多的棋子仍在盘面上，还是要被判负。因此，为了攻取对方的将或帅，必须不惜牺牲子力。通过弃子达到突破对方防线而构成杀势，这在中局拼杀和残局入杀阶段常常使用。

弃子的方式在实战中多种多样，所弃之子不仅可以是相（象）、仕（士）等防守子力，也可以是车、马、炮这样的强子，就是说在棋局争先、争胜时，除了将和帅不能弃掉以外，车、马、炮、兵（卒）、仕（士）、相（象）都可以弃掉。

弃子争先的战术目标也是多种多样的，有突破对方防线，有引入或引离对方重子，有占位攻杀等，可以说，弃子是象棋对局中最为精彩的部分，很多的精彩杀局都是通过弃子来实现的。

下面我们结合实例来理解这一要诀。

【例7】如图8-15，红先。

如图形势，双方呈对攻之势。红方如果不愿弃车，改走后车平七以保底车，则车8进6，黑方抢先成杀。

① 炮九退二

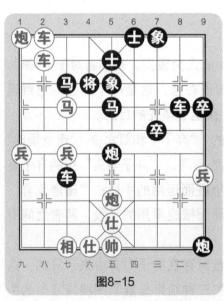

图8-15

红方退炮抢攻，贯彻弃子争先战术思想。

① …… 马3退2

黑方如改走马3退4，后车平六，绝杀。

② 车八平六

红方再弃一子，精妙。

② …… 马2进4

③ 马七进八 （闷杀，红胜）

本局虽然只有短短的3个回合，红方连弃双车，非常精彩，把"弃子争先"的要诀演绎到极致。

【例8】如图8-16，红先。

如图形势，双方呈对攻状态，黑方只要车4进1就可以绝杀红方。因此，红方必须步步紧逼，不给黑方喘息之机。

① 兵四进一

红方弃兵，引离黑车，由此拉开进攻的序幕。

① ……　　　车7平6

② 马二进三　　车6进1

③ 车二进五　　士5退6

④ 车二平四　　将5进1

⑤ 车四退一　　将5退1

⑥ 车四平六　　将5平6

⑦ 车六进一

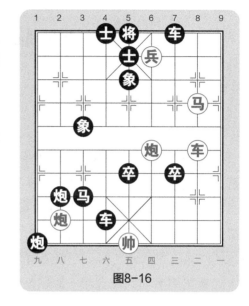

图8-16

红方再弃一车，引离黑车，为炮八平四叫将做准备，弃车的同时把棋局推向高潮。红方如车六退七吃车，则马3进2，车六退一 （如改走帅五进一，卒5进1，黑方胜势），炮1平4，由于红方仕相皆无，黑方在进攻中占据主动。

⑦ ……　　　车4退8　　　⑧ 炮八平四　　卒7平6

⑨ 前炮平五　　卒6平7　　　⑩ 马三退四

红马以退为进，耐人寻味。

⑩ ……　　　卒7平6　　　⑪ 马四退二　　卒6平7

⑫ 马二进三　　将6进1　　　⑬ 马三退四　　卒7平6

⑭ 马四退二　　卒6平7　　　⑮ 马二退四　　（绝杀）

我们之前讲过，实战中弃子的方式和战术目标有很多种，本节中所举两例仅是管中窥豹。爱好者要掌握 "以弃子照顾全局" "以弃子换取多种重要利用" 等弃子原则。大家只要知道了 "哪些是可弃之子"，这便是掌握了 "弃子" 技术关键的第一步。

五、临杀勿急

"临杀勿急"是指对弈时棋手的一种心态。本诀从字面上很容易理解，就是遇到杀势时不要急于动手。从棋理上讲，本诀的关键在于"勿急"，就是告诫棋手，越是关键的时候，越要保持清醒的头脑。这里要提醒的是，"勿急"不是要棋手"勿杀"。俗语讲"机不可失，失不再来"。象棋对弈也是如此，当杀不杀贻害无穷。

这里笔者向大家介绍一段棋坛轶事，对于读者理解"临杀勿急"很有帮助。

1921年的一天，象棋名家周焕文观看好友唐伯龙与一棋友对局，当时唐伯龙已连失两局，周焕文十分关注两人的对局，凑近审视……对局结束后，即复盘分析变化，周焕文对唐伯龙说："这第三局，你如果冲车进马，弃子攻杀，便告功成。"唐伯龙答道："哎呀，我是记住您老的教导'临杀勿急'，故而先补了士。"

周焕文严肃地说："兵贵神速，战机稍纵即逝，关键时刻你却走闲着，丧失良机！至于我所说'勿急'，并非'勿杀'，作为一个棋手如果没有杀劲，那就只有坐以待毙了。"

"临杀勿急"是周焕文讲课中经常的教诲，他曾对人说："吾子德裕（后成为七省棋王）常与诸多名手对局，因考虑不周，遇有攻杀之机，急于求胜，往往功败垂成，其实发现了杀势，更须审慎走子。为了告诫，我特意在他手掌上写了'临杀勿急'这四字，果然十分有效。"

关于"临杀勿急"这一诀，有一句棋谚可作借鉴：临杀勿急，催逼宜紧，勿手软！

下面我们通过实例来理解本诀。

【例9】如图8-17，红先。

① 前车平五　将 5 平 4

黑方如改走将 5 进 1，车四平五，绝杀。

② 车四平九　车 9 进 9

③ 帅四进一　车 9 退 1

④ 帅四退一

红方下一着车九进三，双车错杀。

这里红方还有一种走法，即

① 后车平五　将 5 平 4

② 车五平九　车 9 进 9

③ 帅四进一　将 4 平 5

黑方如改走炮 4 平 3，车九进三，红方双车错杀。

④ 车四进一　将 5 进 1

⑤ 车九平五　（红胜）

图 8-17 中，红方占据绝对优势，先走哪个车后走哪车无所谓。下面我们在图 8-17 的基础上给黑方添加一个车，形成图 8-18，仍是红方先行。

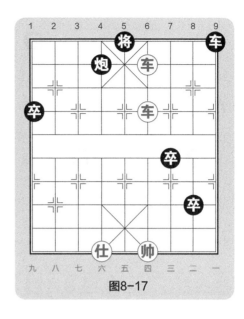

图8-17

【例10】如图8-18，红先。

有的读者感觉黑方只是加了一车，而这个车似乎对红方暂时没有威胁，所以仍按前例 "照方抓药" 前车平五！？如图8-19，错，临杀勿急！

如图 8-19，黑先。

其演变的结果是：

①……　将 5 平 4　　②车五平一　车 9 平 5

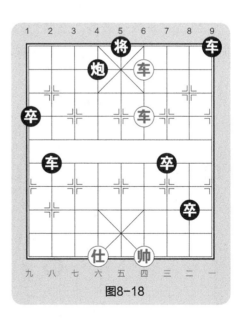

图8-18

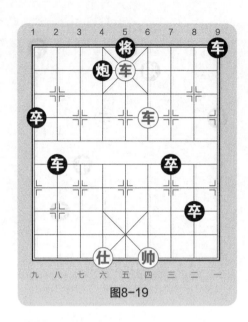

图8-19

（图8-20）

形成图8-20的局面，黑方胜定。

棋诀中讲 "临杀勿急"就是前人针对这样的情况而总结出来的箴言。越是胜利在望的时候，越要注意行棋的次序和方向。

如果能静下心来，准确地审局，不难看出前车平五是一个错误的次序。这里红方唯一正确的攻法是后车平五。

接图8-18，红先。

①后车平五　将5平4

②车五平一

红方平车攻守兼备，是典型的 "攻彼顾我"的一着棋，既解除了黑方车9进9叫杀的威胁，同时又有弃车引离的意图，如黑方走车9进3，车四进一，红方闷杀胜。

②……　车9平5

③车一平七

红方平车叫杀，把黑车引离到底线。

③……　车2退5

④车七进二

红方叫杀紧凑。

④……　炮4平5

⑤车四退二

红方准备车四平六杀棋。

⑤……　炮5进2

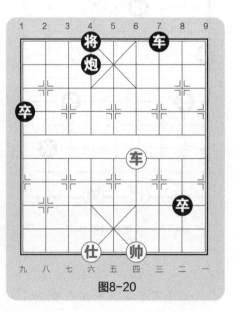

图8-20

象棋 杀法运用·升级版

⑥车七退二　炮5退2　　　⑦车四平六　炮5平4

⑧车七进二　车5进1　　　⑨车六平八

红方故技重施，攻击底线黑车，逼其躲到暗处，为以后的进攻创造条件。

⑨……　　车2平1　　　⑩车八平四

红方伏有车七平六的杀棋。

⑩……　　车5退1

黑方如改走车5进4，车四进三，车5退5，车四退一，炮4平5，与实战殊途同归。

⑪车四进二　炮4平5　　　⑫车四退七

至此，可以看到第9回合把黑车逼到暗处的妙用。如黑车仍在2路则可炮5进7，妙解危局。

⑫……　　车5平9　　　⑬车七平六　将4平5

⑭车四进七　炮5进2　　　⑮车四平五　（绝杀）

本例中红方行棋紧凑有力，没有过分的着法，成杀却是水到渠成，充分演绎了"临杀勿急"这一要诀。

【例11】如图8-21，红先。

这是一个复杂的残局，红方车、双马、兵四子归边，黑方九宫内仅有一炮防守；当然黑方也不是没有反击之力，车3进1可以将死红方。这则残局，红方第一步就有三种选择，即兵四进一、马三进二、车一进七，这对红方是一个很大的考验。这就要求执红的一方必须静心细算，做到"临杀勿急"。

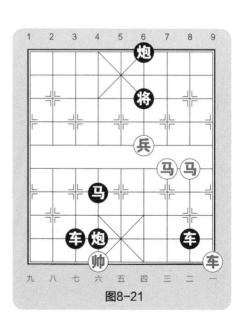

图8-21

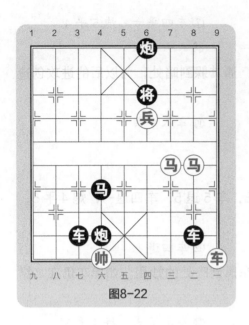

图8-22

第一种着法：兵四进一。

① 兵四进一 （图8-22）

将6平5

黑方如改走炮6进3，车一进七，将6退1，马二进三，将6平5，后马进四，将5平4，车一进一，车8退7，车一平二，将4退1，马三进四，将4进1，前马退五，将4退1，车二进一，红胜。

② 兵四进一　将5平4

③ 兵四平五　将4退1

④ 兵五进一　将4平5

⑤ 车一进八　将5退1

⑦ 马三进四　将5平4

⑥ 车一平五　将5进1

⑧ 马二进一　车3进1　（黑胜）

第二种着法：马三进二。

① 马三进二 （图8-23）　将6平5

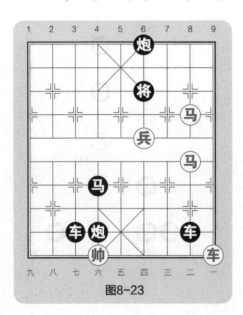

图8-23

② 后马进三　将5退1

③ 车一进八　炮6进1

黑方也可走将5退1，马二进三，将5进1，前马退四，将5退1，车一平五，将5平4，车五进一，将4平5，马四进三，炮6进1，后马进四，车3进1，黑胜。

④ 车一平四　将5退1

⑤ 车四进一　将5平6

⑥ 马三进五　将6进1

⑦ 马五进六　炮4退8

（黑方胜定）

第三种着法：车一进七。

① 车一进七　（图8-24）

将6退1

② 马二进三　将6平5

③ 后马进四　将5平4

黑方如改走将5退1，车1平5，将5平4，马三进四，将4进1，车五进一，将4退1，车五退五，将4进1，车五平六，绝杀。

④ 车一进一　车8退7

⑤ 车一平二　将4退1

⑥ 马三进四　将4进1

⑦ 马四退五　将4退1

⑧ 车二进一　炮6平5

⑩ 车二平五　马4进6

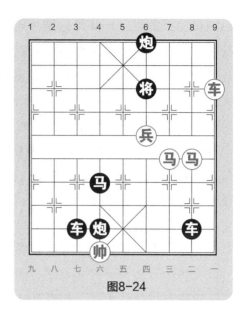

图8-24

⑨ 马五进四　将4进1

⑪ 车五平六　（绝杀，红胜）

通过对以上两则例局的分析，相信大家对 "临杀勿急" 这一要诀有了很好的理解。下节中我们将学习第六诀 "逢危须弃"。

六、逢危须弃

"逢危须弃" 从字面上理解是在遇到危险时，必须用 "弃" 的方法来转危为安。本诀的关键在于 "弃" 字上。《棋经》上讲 "善败者不乱"。《孙子兵法》上也有类似的意思。从棋理上讲，本诀专指形势不利时，自己的棋已经危险，一味地逃跑可能损失更多，或者越逃跑，对方借攻击获得的利益越多，这时就需要放弃，放弃得越早损失越小。"危"一般指一方受到损害，棋子受到攻击或遭到某种危险状况。"危"的另一层含义是"居安思危"，这是从全局来讲的，是己方的弱棋在尚未直接遇到危险时，就已经计算到某些暗伏的危险，需要提前做出有效的防范措施。"弃"与前面的"弃子争先"有所不同，"逢危须弃"所涉及的范围更广，更有腾挪、转身、转换之意。不过其总的要领仍然是相同的："弃"是为了更好地"得"；"弃"可以摆脱困境，争取主动。

　　这里要提醒大家的是，关于"弃"我们可以从更深的层次来理解，"弃"不仅是指单纯的弃子，而是一种战术思路，更是一种战术手段，"弃"掉的可以是一子或多子，也可以是局面的利益，或者是眼前的攻势，只要可以转危为安，都是可以"弃"掉的。如果读者能在这个层面上理解这个"弃"字，相信对于本诀的要点，就很容易领悟了。

　　下面我们通过实战例局来解读"逢危须弃"这一要诀。

【例12】如图8-25，红先。

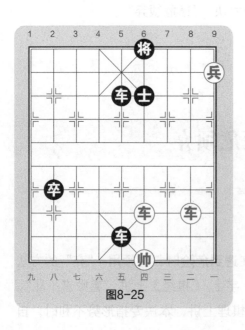

图8-25

本局看似红方无连将胜的可能，黑方成杀后，红方无解，然而红方却有妙手占花心，弃子解危的手段。

①车二进七　将6进1

②车二退一　将6退1

③车二平五

红方弃车是解危的妙手。

③……　后车退1

④车四进五　后车平6

黑方如改走将6平5，车四进二，绝杀，红胜。这样黑方也只有弃还一车。

⑤车四进一　将6平5　　　　　　⑥兵一平二

红方有利之处在于红兵的位置比较靠近黑将，不利之处在于红兵是低兵；黑方有利之处在于保持一个中车、中将的位置，且保持一个高卒。双方互有顾忌。

⑥……　卒2平3　　　　　　　⑦兵二平三　卒3平4

⑧车四进一　将5进1　　　　　⑨兵三平四　将5平4

⑩车四平八

黑方如改走将5进1，车四平五，抽吃黑车，红胜。

⑩……　车5退2　　　　　　　⑪车八退四　将4进1

⑫车八平六　将4平5　　　　　⑬车六平四　将5平4

⑭车四进二

黑卒是高卒，红方选择兑车，正确。

⑭……　车5退4（和棋）

黑方如改走将4退1，双方也是和棋。

【例13】如图8-26，红先。

①前车平六　炮2平4

②车六平四

红方面对黑方卒6进1的杀法，只好弃车解危。

②……　卒6进1

③车四退三　卒5平6

④帅四平五　（图8-27）

以下黑方有炮4平9和炮4平8两种着法。

第一种着法：炮4平9。

④……　炮4平9

这着棋违背第一诀持重勿贪，是一步典型的贪攻忘守之着。

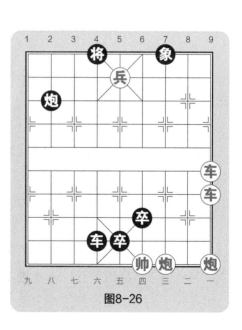

图8-26

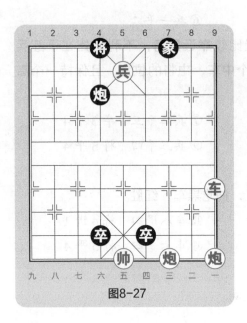

图8-27

⑤车一平五　炮9进6

⑥炮三平二　象7进9

黑方如改走炮9平8，则炮一进九与实战效果相同。

⑦炮二进九　炮9平8

⑧兵五平四

红方伏有车五进六，将4进1，炮8退1，将4进1，车五退二的杀棋。

⑧……　　车4平5

⑨车五退二　炮8平5

⑩炮二平四　炮5退2

⑪炮四退八

以下形成双炮兵必胜单炮单象的实用残局，红方胜定。

第二种着法：炮4平8。

④……　　炮4平8

黑方平炮也是一步解危的好棋。棋诀中"逢危须弃"的"弃"就包含着像这样为解危而放弃进攻的利益。这也是"弃"的本质之一。

⑤炮三进一

红方再弃一子，解除车4平5的杀棋，为了全局利益而做出必要的弃子。

⑤……　　车4退5

黑方这着也是很有趣味的一着棋，黑卒不吃红炮是因为黑方计算到卒6平7，车一平八，绝杀。所以，黑方放弃了得子的机会，来解决危机，这也是"逢危须弃"的一种思想。

⑥车一平五

红方平车这着棋不单纯为了解杀，同时伏有兵五平四，再车五进六，将4进1，兵四平五，将4进1，车五平六，叫将抽车的手段。

⑥……　　炮8进7

黑方进炮这着棋走得也非常精彩，伏有车4进7杀棋的凶着。

⑦炮一进九　象7进5　　　　　　⑧炮三进八　炮8退9

⑨炮一退九

红方弃炮正确。如改走炮七退九，炮8进9，炮七进九，炮8退9，炮七退九，炮8进9，红方长将，黑方一将一闲，红方必须变着。而在这个棋形下，红方变着即负，所以只能走炮一退九。

⑨……　象5退7　　　　　　⑩兵五平四　车4进5

⑪炮一平二　车4退4　　　　　⑫车五进四　（和棋）

本局双方最终弈成和棋，完美诠释了"逢危须弃"这一要诀。读者应细心揣摩品味。

七、动须相应

"动须相应"指下棋时要有全局观念，时时刻刻都要将全局的形势放在首位，局部要和全局呼应配合。明白了局部和全局的关系，所落下的棋子要和周围的形势有配合照应。"相应"包括：①获得周围子力的接应；②借用全局力量攻击对方；③和全局的形势配合，或进攻或扩张势力。

"动须相应"是一条有关于进攻的格言。主要是告诫我们在对局时要有全局概念，不可盲目地实施手段。在实战中，"动须相应"大致有以下几种适用情况。

1. 进攻

"没有进攻就没有胜利"这句棋谚在象棋中体现得非常充分。当己方处于主动时，进行有效的进攻，消灭对方的有生力量，牵制对方关键的棋子，遏制对方的进攻，不使自己处于被动，从而形成更大的主动，主要以进攻为主，防守为辅。在进攻时，有效参与的子力越多，对对方的威胁和威慑力也就越大，象棋的进攻讲究持续不断地对对方形成压迫，直至取得最终的胜利，这必然要求进攻的思路统一，并且有足够摧毁对方的子力参与，动须相应在进攻中的体现非常充分。

2. 防守

防御是一个整体，一个体系，不是单个子力参与的工程。被动时，进行有效的防守，消灭对方的有生力量，牵制或换取对方关键子或优势子，从而改变兵力对比，改变整个战场的劣性态势，主要以防守为主，以进攻为辅。

3. 攻击将帅

攻将夺帅是象棋各种战术的核心，可以说象棋中一切的活动都是为了夺取对方将（帅）或者保护本方将（帅）所展开的。其指导思想就是棋手必须具有全局观念和发展观点。攻击将（帅）时不能走一步看一步，而是应该看得更长远一些。走出的每一步棋既要考虑到棋子本身的效率和位置，也要和其他棋子相呼应，在特殊情况下，兑子、弃子所付出的代价也应放在全局的角度来看，只要可以换取更大的利益，这些都是可以使用的。也就是说，棋手从构思杀法开始，到杀法完成，是一个连续不断的过程，这也要求棋手必须具有"动须相应"的意识。

下面我们通过实战局例来理解这一要诀。

【例14】如图8-28，红先。

红方双车、双马把黑方九宫团团围住，但是这四个大子中哪一个都无法独立将杀黑方，红方必须发挥团队的力量，才能完成绝杀。

①　车四进一

红方弃子争先，把黑将引离到红方双马的射程内，以利用双马饮泉杀势。

①……　　将5平6

②马三进二　将6平5

③马一进三

这是双马饮泉杀法的常见棋形。

③……　　将5平6

④马三退四　将6平5

⑤车六平五

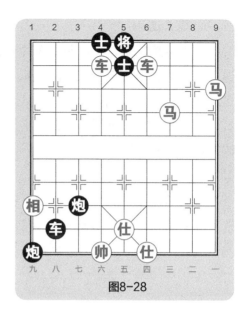

图8-28

红方再弃一子，以便发挥红帅在六线的控制作用。

⑤……　　士4进5　　　　⑥马四进三　将5平6

⑦马三退五　将6平5

⑧马五进七　（红胜）

本例中，红方双车、双马、帅五子合力将杀黑方，五子的攻击承接有序，真正做到了"动须相应"。

【例15】如图8-29，红先。

本局红方双炮、马、兵四子临门，必须利用这个优势迅速攻击黑将，否则一旦红方的攻势受挫，黑方抢先走到卒4平5这着棋，红方败势。

①炮一平三　将4进1

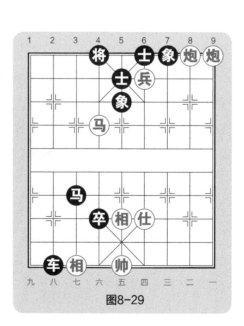

图8-29

②炮三退一

红方退炮伏杀，是控制局面的要着。伏有兵四平五，将 4 进 1，炮二退二，象 5 进 7，炮三退一的杀棋。

② ……　将 4 进 1

黑方如改走卒 4 平 5，兵五平四，将 4 进 1，炮三退一，象 5 进 7，炮二退二，重炮绝杀。

③炮二退二　将 4 退 1　　　　　④马六进四

红方着法简明。如改走兵四平五，将 4 退 1，红方还要走兵五平四，取胜比较麻烦。进马以后伏有兵四平五的杀棋，并且为红马留出来一个马四退五，再马五进七的进攻路线。

④ ……　车 2 退 5　　　　　　　⑤兵四平五　将 4 退 1

⑥兵五进一　将 4 进 1　　　　　⑦炮二进一　将 4 进 1

⑧兵五平四

红方明着是吃士，实际上留出马四进五叫杀的棋。

⑧ ……　象 5 退 3　　　　　　　⑨炮三退一　象 3 进 5

⑩马四退五　将 4 退 1　　　　　⑪马五进七　将 4 退 1

⑫炮二进一　象 5 退 7　　　　　⑬兵四平三　（绝杀）

本例中，红方双炮、马、兵四子密切配合，每一着棋都为最后的攻王留下伏笔，堪称杀法的典范。

这两则例局并不能涵盖 "动须相应" 的全部内容。只是告诉读者，在棋盘上每一个战略目标的达成，都是与良好的战术执行分不开的。而在确立目标之后，先做好准备工作，为达成最终理想的棋形结构打下基础，这也就是 "动须相应" 最深刻的意义所在。

八、慎勿轻速

"慎勿轻速"这条要诀有多种解释。相传《象棋十诀》最初为唐代国手所著。当初其所说的"慎勿轻速"的真正含意，现在已无从考证，所以很难将其解释得准确无误。另外，"轻"字在泰定本的《事林广记》中又作"欲"字，即"慎勿欲速"。

本诀的关键是在"轻速"两个字上。其主要的分歧点也在"轻速"两个字上。关于"轻速"的解释有两个版本。其一"轻速"是指行棋的步调、速度、行棋的节奏要掌握好分寸，不可急功冒进，孤军深入；其二"轻速"是指行棋的步调、速度、行棋的节奏要紧凑有力，不可以因为过分慎重而走出过于保守的棋。两种版本的解释各有侧重，在基本精神上也有交叉之处。

关于这个问题，笔者认为出现分歧的原因是对"慎勿轻速"的断句不同。如果是断成"慎""勿轻速"，则可以理解为第一种解释；如果断成"慎勿""轻速"，则偏向于第二种解释，即行棋须谨慎，但谨慎是不能以牺牲行棋的步调、速度和节奏为代价的。这里"轻速"中的"轻"是轻视的意思。当然这是笔者一家之言，权当是抛砖引玉。

对弈过程中的形势判断是一种变相的"风险评估"，棋手不可能总是在一种四平八稳的状态中赢得胜利，风险与机遇同在。谨慎虽然是很好的习惯，但过分谨慎却是不可取的。棋手如果经常在杀与不杀之间，冒险或是不冒险之间徘徊，总是想着要先多做一些准备工作，希望能在完全看清对手后再出手，以做到万无一失，结果往往事与愿违，在冗长的准备过程中，最佳的进攻时间已在不经意间失去了。

《孙子兵法》中"九地篇"讲："兵之情主速。"即被后人总结成

"兵贵神速",就是讲上面的这个道理。机不可失,时不我待,下棋和人生中很多事都一样,机会与风险是并存的。控制风险的意识必须有,但也不要忘记保持一份勇敢与果断。这是本诀告诫人们的一个道理。

下面我们通过实战局例来理解这一要诀。

【例16】如图8-30,红先。

这是一则实战中局,红方双车掐喉,二鬼拍门,双马集结在中兵两侧,随时策应;炮居肋首,随时可以助攻发威。

①马四进二

红马出击,两步以后才能构成绝杀,缓不济急。

①……　炮4退1

敌缓我急,两军相争勇者胜。黑方趁红马绕道缓攻之机,迅速发起攻势。

②相七进九　炮4平1

黑方平炮催杀,红方只能被动应付,根本没有时间组织攻势,原来稳中求胜的计划已经告破。

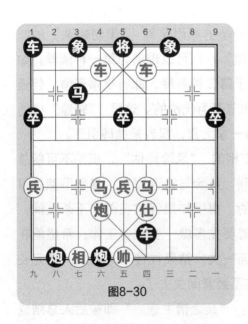

图8-30

③马六退八　炮1平3

④马八退六　车6平4

⑤车六平八　车1进1

黑方好棋,这是弃子争先的佳着。

⑥仕四退五

红方如改走车八平九,炮3进1,绝杀黑胜。

⑥……　车1平2

⑦车四平八　炮3平2

黑方平炮打车,好棋,伏有前炮平九的着法。

⑧车八退七

红方没有办法解杀，只能弃车砍炮。

⑧……　　车4平2

红方少子失势，黑方胜定。

自黑方发起攻势起，步步紧逼，环环相扣，不给对方丝毫的喘息机会。反之，红方握有优势时，并没有迅速投入进攻，而是过于求稳，结果事与愿违，被黑方抢先成杀。

红方正确的走法应该是：

①车四平五　将5平6　　②车五平三　象7进9

黑方被迫飞边象，为红方攻击准备。

③车三平四　将6平5　　④车四平五　将5平6

⑤车五平二　车6平7　　⑥车六平四　将6平5

⑦马六进七

红方可以抢攻在先，稳持优势。

我们看到，红方对车四平五以后的攻击手段有所顾忌，结果错失战机，而红方所制订的稳中取胜的战术则是贻误战机之举，当以此为鉴。

【例17】如图8–31，红先。

双方子力均等，黑方6路肋车既牵制住红方右翼车马，又直接威胁红方四路底仕，面对红马必死无疑的困境，红方果断借先行之利抢先进攻。

①炮五进四

红方弃马抢攻，意在用先弃后取的战术赢得进攻的时机。如果红方执意保马走车八平三，则车6进2，黑方抢攻在先。

①……　　炮3平7

②仕四进五　车6退1

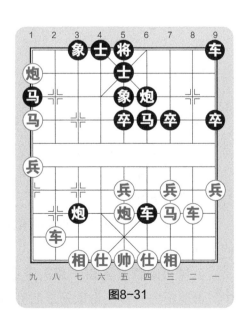

图8-31

黑方先退车谋取中兵，正确。如误走车6平3，则相七进五，炮7进1，仕五进四，炮7平3，车二退一，黑炮仍被擒，红方大优。

③车二平三　车6平5

逢危须弃，黑方弃掉炮，计划平车捉红方中炮，意图把红方中炮驱离中线，这样黑方可以松透局势。

④炮五进二

红方飞炮轰士，反打中车，展开猛攻，石破天惊。

④……　士4进5　　　　　　⑤炮九进一

红方进炮叫将，及时有力，算准平车砍士前能追回一马。

⑤……　士5退4　　　　　　⑥车三平六　马6退4

黑方如改走炮6退2，车八进六，车5退2，车八平九，红方白吃黑方边马。

⑦车八进六　将5进1

黑方如改走车9进1，车六平二，以后车二进五，红方也是大优。

⑧马九进七　车9进2　　　　　⑨车八进一　将5退1

⑩车八平六　马1进2

黑方只好弃马。

⑪马七退八　车5平2　　　　　⑫前车进一　将5进1

⑬马八进六　象3进1

黑方如不走此着，红方有前车平五再车五退二的先手，黑方失子。

⑭马六进四　车2退4

黑方如改走车9平6，后车进五，黑方迅速崩溃。

⑮马四退五　象5进7　　　　　⑯马五进六　车2平4

⑰车六进五　车9平4　　　　　⑱车六退二

红方得子胜定。

通过以上两则例局，希望读者能够对"慎勿轻速"这一棋诀有一定的了解。

这里再跟读者多讲一点关于进攻速度的问题。在复杂的对攻局面中，谁能抢先一步，谁取得最后胜利的机会无疑会更大一些。那么，通过什么方法去提速呢？笔者认为应该从以下两点去考虑：其一，在战术目标的选择上可以选择采用"攻其必救"的策略，类似于战术中的围点打援，让对方把注意力放在"必救"之点，不能放手进攻，己方则利用这一优势，或是突破，或是消耗对方有生力量；其二，在行棋过程中可以采用"弃子""顿挫""兑子"等方法，消除攻击目标的防御，集中优势兵力加以打击。这些都是"提速"的好方法。

"运用之妙，存乎一心"。要想将《象棋十诀》运用得当，必须有自己独立的见解，这才是最重要的。

九、彼强自保

在《象棋十诀》当中，"弃子争先"属于偏向进攻的内容，而本诀"彼强自保"和最后一诀"我弱取和"则是偏向防御的篇章。

"彼强自保"指的是对方强的时候，注意保护自己，这条要诀的字面意思虽然易懂，但在实战中运用起来却是颇有难度的。从棋理上讲，"势孤"说明对方在某一方面占有优势，但是这个优势有多大？是子力价值上的优势还是阵形上的优势？或是处于攻击状态，已经形成攻势？搞清楚这些是决定如何"自保"的前提。本诀的关键在于"自保"。在敌方的强处，无理挑战当然是自讨苦吃，所以遇到这种情况自然要先自保，力求尽快安定。不过即使懂得了这一点还是不够的，以何自保呢？这是棋诀中隐含的内容。

单纯的自保无异于慢性自杀，本诀中的"自保"是指那些积极的自保方式。这就要求棋手有良好的形势判断能力，根据不同局面，采取相应的自保措施。

笔者总结主要的自保方式如下。

①修补弱形。防守的关键在于清醒地认识到自己的弱点，及时修补自己阵形的弱点，不给对方以利用的机会，这是最常见的自保方式。顶尖棋手们并不是只擅长进攻，防御能力也是非常了得的。重攻轻守或者守强攻弱都不足以成为一流棋手。

②以攻代守。进攻是最好的防守，所以在失先、少子或处于劣势而对手尚未确立起不可动摇的优势时，应该以攻代守，以急制缓，进行闪击突袭。

③解杀还杀。在象棋对弈过程中，当对方走动棋子要杀己方时，己方也走动一个棋子，在化解己方杀棋的同时，还给对方造成绝杀，这种战术手段，就是"解杀还杀战术"。这种战术多出现在中局、残局的搏杀过程中，是一种常用的反击战术手段。这种战术手段的正确运用，往往能够在被动的局面下，瞬间发生惊天大逆转！出现败中取胜的场面。这种解杀还杀战术有些像唐代名将罗成的绝技"卧马回身绝命枪"。

④围魏救赵。一般是指自己某一强子受困或某一侧受攻时，发现对方阵形中某部分有隙可乘，于是避其锋芒，攻其必救，迫使对方进攻的强子回防救援，以达到解救自己受困的子力或不利局面的目的。

⑤渐消对手。这是从积小胜为大胜的全局指导思想中转化而来的，在不利的局面中消耗对手的实力（子力上的优势或子力位置上的优势，甚至是攻击对方行棋效率高或对己方最有威胁的那个子），争取从量变到质变，逐步消耗对对方有利的因素，这也是"自保"的一种方式。

下面我们结合实战加以说明。

【例18】如图8-32，黑先。

黑方此时已失一子，面对红方的中路攻势，将如何自保呢？

①……　马7进8

黑方进马迫使红车回到三线加强防御。

②车四平三　马8进6

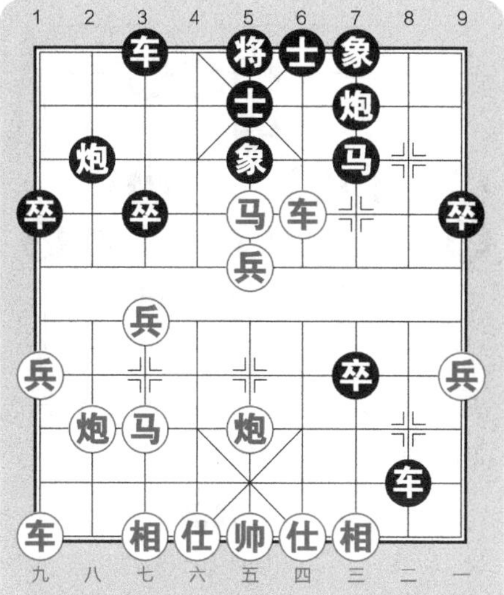

黑方再弃炮捉车，积极有力。如消极防守走马8退9，车三退三，红车杀回去，则黑方前功尽弃，红方大优。

③车三进二 马6进4

黑方攻敌必救，伏有马4进6的杀着。

④仕四进五 马4进3

⑤帅五平四 马3进1

黑方得回失子，下面黑方将通过兑子简化的方式来稳住局面，不给红方发动攻势的机会。

⑥车三退五 车8退3

⑦兵五平六 马1退2

⑨车八退一 车8平5

双方大体均势。

图8-32

⑧车三平八 炮2平1

【例19】如图8-33，红先。

此时黑方双车炮大兵压境，伏有车3进1，车六退四，车3退2，车六平八，车3平5，兵五平四，炮4平6得子且有攻势的威胁。红方消极自保已经没有意义，必须要杀出去。

①车六进三

红方弃车杀炮，以换取中路的攻势，这是典型的以攻代守的策略。

①…… 士5进4   ②兵五进一 士4退5

③兵五平六 将5平4   ④炮五平六 马3进4

黑方如将4平5，则炮一平五，马3进5，兵六平五，车3进1，马七退六，车3退3，马六进七，炮2退5，兵五平六，车3平5，炮六退一，红方大优。

⑤兵六进一

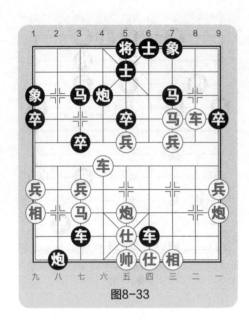

图8-33

红方弃兵，为以后马三退五后发挥卒林车的作用做准备，大局观很好。如改走车二进一，车6退6，马三退五，车6平2，黑方有攻势，红方不利。

⑤……　　士5进4

⑥马三退五　　炮2退2

黑方兑炮，意图削弱红方攻势。如改走将4平5，马五进六，将5进1，车二进二，将5进1，马六退五，马4进3，马五进七，将5平6，兵三进一，以后红方再冲兵，吃马杀棋。

⑦车二平六　　炮2平4　　　　⑧仕五进六

至此，黑方已经没有有效的攻势，红方以攻代守的策略成功。

⑧……　　马4进3　　　　⑨车六进一　　将4平5

⑩车六平三　　马3进1

黑方这着棋问题很大，看似有车3进1，马七退六，马1进3的杀法，但是忽略红方中路攻势，应走象1退3，仕四进五，象3进5，先固防，再徐图进取。想一想，黑马这着棋违背了《象棋十诀》中的哪一些要诀呢？

⑪炮一平五　　士6进5

黑方如改走象7进5，则马五进六，将5平4，马六进八，将4进1，车三进一，士6进5，车三平五，红方杀棋。

⑫车三进二　　车6退8　　　　⑬马五进七　　将5平4

黑方如改走士4进5，马七进五，士4退5，车三退一，车3进1，帅五进一，车6进9，车三平五，将5平6，车五平二，红方杀棋。

⑭前马进八　　将4进1　　　　⑮车三平四　　士5退6

⑯马七进六　　车3进1　　　　⑰帅五进一　　马1进3

⑱马六进五　（绝杀）

当己方处于被动或劣势局面时，战略上不宜消极应付，单纯防守，要利用恰当的战术手段使局势趋于均衡平稳，或者是采用 "以攻制攻，寓攻于守，守必带攻，摆脱被动" 的积极主动的战法，达到 "自保" 的结果，这是本诀的内涵。

十、我弱取和

从字面上理解 "我弱取和" 的意思是当我方实力偏弱时，争取和棋。本诀中的核心是 "取和"。但是从棋理上理解 "我弱取和" 的 "和" 字则意义更加宽泛。笔者以为不仅单单指 "和棋"，还有 "中和" 的意思。

"我弱" 说明在某一局部或某个方面 （力子价值、子力位置及子力协调性等）对方势强，我方势弱，强战必然导致失败。但应采用哪种方法去打开局面，从哪开始入手呢？弱方当然要采用 "中和" 的方针，根据不同场合，有的可以采用牺牲子力代价来谋取和棋；有的可以用兑子交换的方法简化局面；有的则可以运用灵活的战术占据防御要点，遏制对方的攻势。凡此种种，举不胜举。

总之在敌强我弱而无法完全逃避战斗时，应尽量避免没有把握的大规模的决斗。此时，将局面引向平稳、缓和是上策，必要时甚至可以付出一些代价，来完成这一战略目标。

"有一种胜利叫作撤退，有一种失败叫作占领。" 这是电视剧 《潜伏》中的一句非常经典的台词。在面临对方大兵压境时，理智地退让并不等于怯战。使用强悍的下法虽然输得壮烈，但也是死得可惜。"胜""负"是象棋的主旋律，"和"同样是象棋结果中必不可少的一种形态。如果一个棋手能够及时发现自身的薄弱环节，并在退让后于心中并无痛苦的感觉，不会认为退让是一种浪费，那么这个棋手的棋艺已经登堂入室了。

下面我们结合实战加以说明。

【例20】如图8-34，红先。

① 炮五平七

红方平炮攻击黑方底象，选点准确有力。

① ……　车7平4　　　　　　　② 车八退三

红方退车保马正确。如改走炮七进七，车1平3，车七进二，车4退3，车八退一，马7进6，车八平九，炮5进4，黑方有空头炮的优势，对攻中明显占优。

② ……　马7进6　　　　　　　③ 仕四进五

红方稳健，如改走炮七进七，车1平3，车七进二，马6退4，车八平七，马4退2，红方失子，黑方胜势。

③ ……　车4退2

④ 马六进五

红方接受黑方的弃子战术，准备收兵。如改走马六进四抢攻，则炮5进4，相七进五，车4平6，伏有马6进4的杀势，黑方反夺优势。

④ ……　象7进5

⑤ 车八平四　车1平2

黑方出车以后，局面较为平稳。

⑥ 炮七平一　车2进6

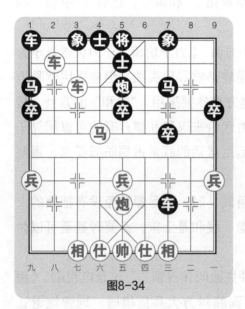

图8-34

⑦炮一进四　车2平5　　　　⑧车四进一　车5平9

⑨炮一平五　车4退2　　　　⑩帅五平四　车4平5

黑方弃车砍炮，谋和的关键。

⑪车四平五　车9平1　　　　⑫车五平一　车1平6

⑬帅四平五　车6退2　（和棋）

本例黑方在不利的形势下，采用弃子的手段谋取和棋。下面我们再看一则采用兑子的手段谋取和棋的例子。

【例21】如图8-35，红先。

双方子力虽然相等，但红方子力协调性差，中路和右翼空虚，黑方子力占位较好，且有兵种优势。红方必须正视现实，采用"我弱取和"的策略谋取和棋。

①马四进三

红方进马正确，如改走相七进五，则马9进8，兵三进一，马8进9，车八平三，炮4平5，车三退二，将5平6，马四进二，马9进7，弃马成杀，黑胜。

①……　车6平7

②车八平六

红方平车牵制，为兑子埋下伏笔。

②……　马9进8

黑方进马急躁，应走炮4平6，车六退一，卒7进1，兵三进一，马9进7，黑方进马给黑炮生根，前景乐观。

③车六退一

红方一车换二，简化局势。

③……　车7平4

④马三进二　车4退1

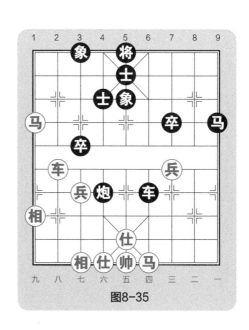

图8-35

⑤马二进三

红方抓紧时间消灭黑卒，这是一车换二计划的延续。

⑤……　车4平7　　　　　　　⑥马九退七

红方弃马踏卒，又是一步防御性的好棋。

⑥……　象5进3　　　　　　　⑦马三退五　车7进1

⑧相九进七

红方飞相准备调整双相的位置。

⑧……　车7平3　　　　　　　⑨相七进五　（和棋）

棋战中己方由于失子或失势，明显处于被动局面，在力量对比中彼强我弱时，棋手必须沉着冷静，对棋局形势做出正确的分析和判断，果断地采取措施，避其锋芒，耐心进行周旋，争取达到一种 "中和"的态势 （扳成均势或谋和）。这是本诀的要领。

通过上面的讲解，相信读者对 《象棋十诀》已经有了一定程度的了解，对于其中核心部分的内容也有了一定的认识。《象棋十诀》是古人的智慧结晶，对棋战的指导作用很大，读者朋友们如以此指导自己的实战，相信会大有裨益。

第九章　精彩杀局分析

本章所选的棋局既有古今精彩的排局，又有象棋大师们的实战杰作。笔者将通过分析这些棋局，结合前几章的理论和杀法思路，帮助读者把理论与实战结合起来，使读者真正掌握这些基本杀法，并能适时、合理地将其应用到实战中，最终达到提升自身杀力的目的。

一、杀局思路解析

象棋杀法是象棋的基本功，是能否下出精彩棋局的关键。但是在实战中怎样才能演绎出精彩的杀法呢？这是初中级爱好者常常面临的一个困惑——用什么样的思路才能做出杀棋呢？这一节我们主要通过几则实战例局来研习一下象棋杀法的常用思路。

【例1】如图9-1，红先。

这是1980年全国个人赛林野对陈淑兰的一局棋。如图9-1，黑方只要马5进3即可双将绝杀红方。因此，红方解决的条件只有连杀，以攻代守才可解决危机。

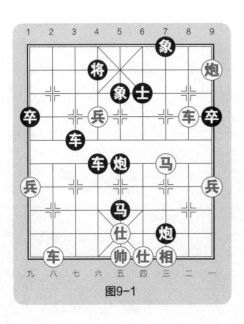

图9-1

此时红方有三种着法。

第一种着法：

① 车八进八　将4退1

② 炮一进一　象7进9

③ 车二进三　象5退7

④ 车二退一　象7进5

⑤ 车二平六　将4平5

⑥ 车八进一　（红胜）

第二种着法：

① 车二进二　士6退5

黑方如改走将4退1，炮一进一，红胜。

②车八进八 将4退1　　　③炮一进一 士5退6

④车二平六 将4平5　　　⑤车八进一 （红胜）

第三种着法：

①兵六进一 将4进1　　　②车八进七 将4退1

③车二进二 士6退5　　　④车八进一 将4进1

黑方如改走将4退1，则炮一进一，士5退6，车二平六，车4退4，车八进一，红胜。

⑤炮一退一 象5进7　　　⑥车二退一 象7退5

⑦马三进四 炮5退2　　　⑧车二进一 士5进6

⑨车二平六 （红胜）

三种着法的演变结果都是红胜，但是杀棋思路却有所不同。

实战中，红方利用黑将直接暴露在双车火力下的弱点，先手叫将，借炮使车完成做杀，在实施最后一击时利用双车错差或利用弃车堵塞，完成杀棋。

第二种着法和第三种着法的思路基本一样，红方利用黑方双象位置欠佳，进车叫将阻塞象眼，其中，第三种着法的这种战术意图更为明显，先后利用车马三次阻塞，最后成杀。

【例2】如图9-2，红先。

如图9-2这是2010年重庆棋友会表演赛上，陈颖对王天一的一盘棋。

①炮六平五

此时轮红方先手，红方实战中观察到黑方虽然大兵压境，但是由于红方空头炮的存在，黑方九宫运转不灵。面对黑方捉炮车，红方果

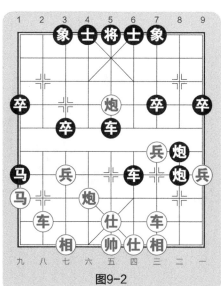

图9-2

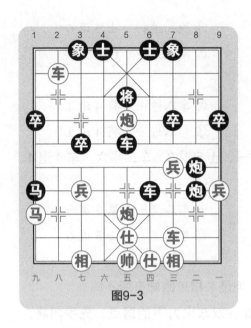

图9-3

断走出炮六平五的着法。

① ······ 将5进1

② 车八进七

红方进车叫将，让黑将成山顶公，这样黑方士象完全失去保护作用，增加了黑方的防守难度。

② ······ 将5进1（图9-3）

此时，红方下一步如何做杀呢？这里红方有两种攻杀思路。

第一种思路：红方如能走成图9-4的棋形，就可以完成绝杀。

第二种思路：红方如能走成图9-5的棋形，也可以完成双车错杀。

③ 兵三进一

红方冲兵，准备升巡河车，实现右车左移，如图9-6。

此时黑棋面临三种选择：

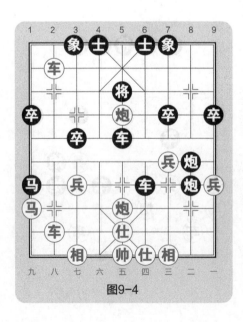

图9-4

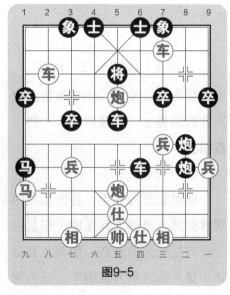

图9-5

①将 5 平 4，此为实战着法；

②卒 3 进 1，延缓红方进攻的速度；

③前炮平 7。

先分析第二种选择：卒 3 进 1。

红方仍可以走车三进三，将 5 平 4，车八退二，车 5 平 4，车三平二，红方双车通头，形成类似于图 9-5 的结构，红方胜定。

接着分析第三种选择：前炮平 7。

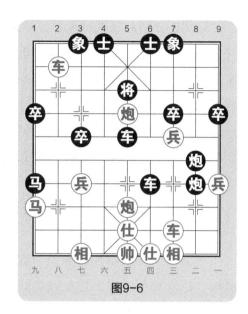

图9-6

前炮平 7，兵三平四，炮 8 平 7，兵四平五，后炮进 3，后炮平三，车 6 平 4，车八平七，红方胜势。

最后我们分析实战的第一种选择：将 5 平 4。

③……　　将 5 平 4

④车三进三　车 6 平 4

⑤车三平八　后炮退 3

⑥前炮进一　（红胜）

【例 3】如图 9-7，红先。

如图 9-7 形势，这是一局红先六步连杀的残局。实战着法如下：

①车二平五　将 5 平 4

②车五进七　将 4 进 1

③炮二进八　将 4 进 1

④车五退二　将 4 平 5

⑤炮二退一　士 6 退 5

⑥炮三退二　（红胜）

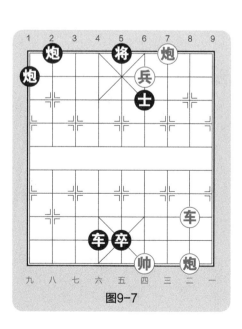

图9-7

这局棋分析起来很有意思，特别是对初学者分析杀棋很有帮助。

第一步，我们分析一下双方形势，黑方中卒控制九宫枢纽，下一手车4进1，黑方就可以取得胜利。而红方只能是连杀，这期间如有一步空着，红方必输无疑。

第二步，明确了红方的危机形势，现在开始逐一选择破解之路：

①兵四进一，将5平6，红方无将，这一棋路被否定；

②兵四平五，士6退5，红方无将，这一棋路被否定。

那么通过排除法红方首着必走车二平五。

① 车二平五　将5平4

接下来这一着棋很有意思，红方如果想将死对方，只有利用肋兵的威胁，把黑将引过来，然后双炮成杀，初学者可以制定一个理想的目标图，见图9-8。

红方如果能走到图9-8这样的局势，利用双炮兵做杀，这是红方取胜的主要思路。因此红方要完成这一思路，必然会走车五进七。

② 车五进七

红方弃车引离，这是完成杀法的关键。

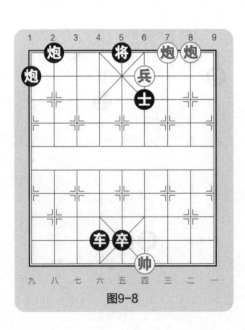

图9-8

② ……　将4进1

黑方自然不会轻易就范。那么走到这里，读者脑海中应该产生这样的图形，见图9-9。

这时红方又面临选择：炮三退一或者炮二进八。

第一种着法：炮三退一时，黑方有将4进1和士6退5两种着法，我们知道，如果黑方这两种应法有一种造成红方不能形成连将，那么炮三退一，这手棋就不成立了。

黑方第一种着法：将4进1，车五退二，将4平5，炮二进七，士6退5，炮三退一，绝杀红胜。

黑方第二种着法：士6退5，兵五平四，将4进1，车五平六，将4平5，车六退八，卒5平4，炮三平九，将5退1，和棋。

这样我们得出一个结论，炮三退一的演变结果是和棋，而本局的结论是红先胜，因此这一棋路被抛弃了。但是如果是实战，而红方又是一个稳健型棋手，大可选择这一路变化。

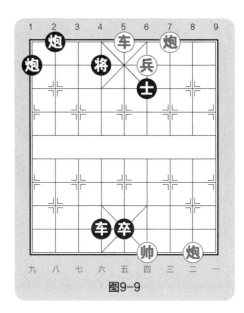

图9-9

现在我们集中精力计算炮二进八的变化。黑方主要有两种着法。

第一种着法：士6退5，车五平六，将4退1，兵四进一，最终形成图9-10。

这和我们当初预想的杀法图9-8有异曲同工之效。

第二种着法：将4进1，车五退二，将4平5，炮三退二，士6退5，炮二退一，绝杀。

形成的最终图形为图9-11。

比较参考图9-9，仍是同样的杀法原理。

这个例子告诉我们两件事。一是初学者在计算连将胜局的时候，不要一味求快，得出似是而非的计算结果。可以利用分段组合法，逐

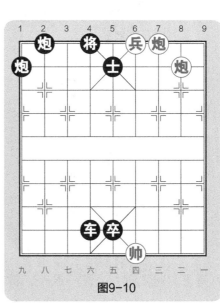

图9-10

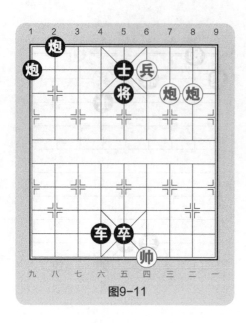

图9-11

步进行分析，既可以锻炼我们计算的广度，又可以提高我们计算的深度，这种分析方法简单实用，一旦运用熟练，实战水平会大为提高。二是在计算的过程，可以根据剩余子力设定目标，按照设计的目标有计划的运子行棋。这样，有利于我们杀势感觉的形成，并且，在这种感觉的引导下，简明构成杀型，而杀型一旦形成，就是行动的指南。

【例4】如图9-12，红先。

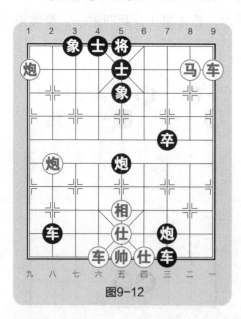

图9-12

如图9-12，如果轮到黑方先行，黑方车2平5一步成杀，因此，红方的杀法也必须一气呵成，不能有停滞之处。

红方此时主要有车一进一和马二退四两个棋路。

第一种棋路：车一进一。

以下黑方有两种应法：一是士5退6，马二退四，将5进1，车一退一，红胜；二是象5退3，马二退四，士5进6，车六进九，将5平4，炮九进一，象3进1，炮八进五，将4进1，车一退一，将4进1，红方无将。此时黑方走出象5退3，红方无解，因此车一进一被否定。

第二种棋路：马二退四。

以下黑方有两种应法：士5进6、将5平6。

黑方的第一种应法：士5进6。这时我们发现由于红方没有走车一进一叫将，二路车控制黑方下二路线，红方双炮分占两条线路，子力位置通畅，这样在我们脑海里就出现了一个目标图9-13。

通过分析，我们发现，红方要形成这样的目标并不难，只要弃车叫将，杀掉黑士，就可以把黑将引离出来，然后以黑象为炮架进炮叫将，最终在底线形成重炮杀棋。

因此如黑方走士5进6，红方必然接走车六进九，弃车杀士，以下将5平4，炮九进一，象7进9，炮二进五，红方绝杀。

黑方的第二种应法：将5平6。

以下红方可以利用挂角马之势成杀，大体形成图9-14这样一个目标。

具体着法为：当黑方走将5平6时，红方车一平四，将6平5，车四平五，将5进1（如改走将5平6，车六进九！红胜），炮八进四，红胜（图9-15）。

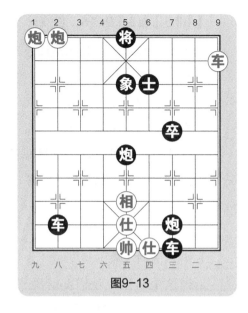

图9-13

图9-14

【例5】如图9-16，红先。

红方有三种棋路：马三进四、车二进四、车一进四。

第一种棋路：马三进四。

① 马三进四　士5进6　　　　② 车一进四　象5退7

③ 车一平三　将5进1

以下红方有两种走法：一是车三退一，将5进1，车一平五，将5平6，红方无杀；二是车二进三，将5进1，红方无杀。因此马三进四是不成立的。

第二种棋路：车二进四。

① 车二进四　象5退7　　　　② 车二平三

走到这里时候，我们发现第三种棋路车一进四也可走到这个局面，因此车二进四和车一进四殊途同归。

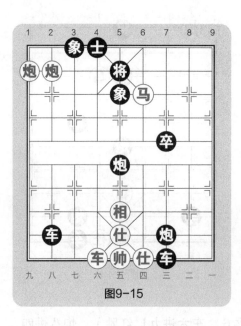

图9-15

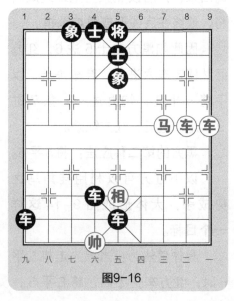

图9-16

二、名家杀局佳构

【例6】如图 9-17，红先。

这是 1988 年全国象棋团体赛李来群与卜凤波的实战对局，双方战至第 47 回合形成图 9-17 的形势。

观枰可见：红方净多一子，但是单士单相防御力量薄弱；黑方车马已经攻入九宫腹地，面对危机且看红方如何抢先成杀。

①炮五平七

红方平炮叫杀，这是入局的关键。

①……　　将5平6　　　②炮七进三　将6进1

③炮七退一　士5退4　　　④炮八退一

红方通过这三个回合的调整，把双炮运到最佳的攻击位置，成功地封锁住黑方的下二路。

④……　　将6退1

⑤车八平二

红方平车叫杀，左右开弓。

⑤……　　象5退7

⑥炮七进一

红方进炮叫将，冷静。通过这手棋，黑象的防御能力被弱化。

⑥……　　士4进5

⑦炮八进一　将6进1

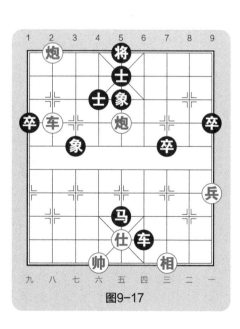

图9-17

⑧ 车二进二　将6进1　　　　⑨ 炮七退二　象3退5

⑩ 炮八退一

红方退炮，伏有车二平四的杀着。

⑩ ……　士5退4　　　　⑪ 炮七进一

红方进炮，仍然伏有车二平四的杀着。

⑪ ……　车6进1　　　　⑫ 帅六进一　马5退3

⑬ 帅六进一

红方上帅以后，可以车二平四抢先成杀。黑方认负。

【例7】如图9-18，黑先。

这是2010年第四届体育大会许银川执红对黄竹风战至第50回合时形成的局面。

观枰可见：红方车、兵分别捉住黑方马、炮，黑方有丢子之危，且看小将如何应对。

① ……　马3进2

黑方进马叫杀，双献马炮，妙手！

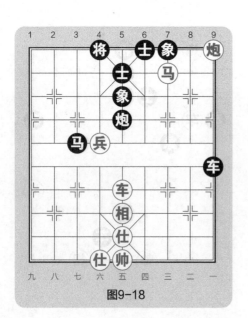

图9-18

② 仕五进四

红方见无论吃马或炮都会被连杀，只好支仕解杀。

② ……　马2进3

③ 帅五平四　炮5进2

黑方进炮好棋，下伏炮5平6的凶着，将形成肋炮卧槽马的攻势。

④ 相五进三

红方弃相可使黑车不再盯炮，用心良苦！怎奈大势已去，终难支撑。

④……　　车9平7　　　⑤马三退四　炮5平6

⑥仕四退五　炮6退1　　　⑦帅四进一　车7平6

⑧仕五进四　车6平9　　　⑨车五平四　炮6进1

黑方进炮，使黑马也可暗保黑炮，着法老练，至此，红方车、炮已必失其一。

⑩仕六进五　马3退5

以下红方如接走马四退二，象5进7，炮一平二，车9退1，马二进三，车9进2，黑方得车胜定。

【例8】如图9-19，黑先。

这是2010年第四届体育大会苗利明对赵国荣战至第31回合时形成的局面。

观枰可见：红方虽多一大子，但黑方已有三车闹士之势，令红方双车不敢擅离要道，请看黑方如何利用先行之利扩大优势。

①……　　炮9平8

黑方平炮侧击好棋！

②车四进三

红方进车尽力对攻，伏有大刀剜心的杀着。如改走车四平二，则卒4平5，仕四进五，车9进3，仕五退四，车1平6，绝杀黑胜；又如改走炮五平二，则卒5平4，兵三进一，卒4平3，相五进七，车9平5，车四退四，象5退3，下着炮8平5，黑方胜定。

②……　　炮8进7

③相五退三　车9平4

④车八进九　车4退5

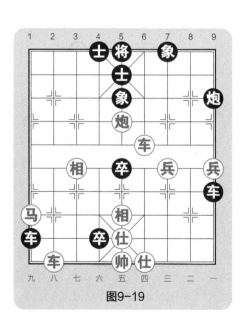

图9-19

⑤车四平二　炮8平6

黑方弃炮打仕漏算，应改走卒4平5！炮五退五，再炮8平6，以下如车二平四，则车4进4，炮五进六，士5进6，车四退一，车1进1，帅五进一，车4平3，仍然黑优。

⑥车二平四

红方平车是黑方意料之中的变化，另有一路顽强的变化如下：车二平五！车4平5，仕五退四，卒5平6，炮五进二，将5进1，车八退一，将5退1，车八退八，卒6进1，马九进七，红方能够守住。

⑥……　车1进1　　　　　　　⑦马九退八　炮6平2

⑧帅五平四

红方出帅叫杀，奋力一搏。

⑧……　炮2退8

黑方退炮叫将，伏有连珠妙手，令人赏心悦目。

⑨帅四进一　卒4平5　　　　　⑩炮五退五

红方如改走帅四平五，则车1平4。

⑩……　车4进7

图9-20

黑方弃炮打车，下伏车1平5的杀着，入局干净利落。

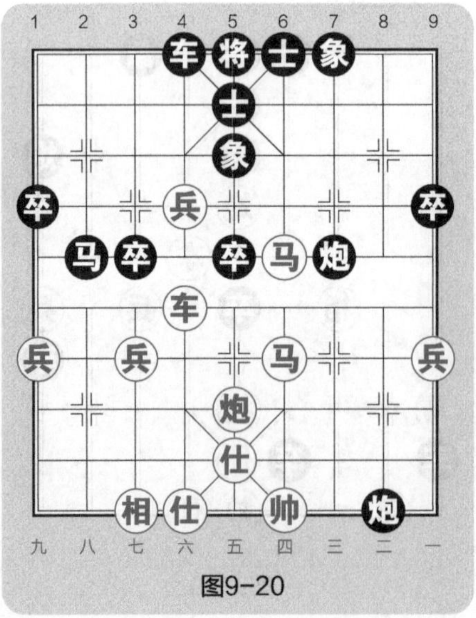

【例9】如图9-20，红先。

这是2010年第四届体育大会吕钦对蒋川战至第28回合后形成的局面。

观枰可见：红方虽缺一相，但各子云集了黑方中路，攻势一触即发，且看红方如何操刀。

①前马进五

红方弃马踩象，算准有强大攻

势，是迅速入局的佳着。

① ……　炮 7 进 5　　　　　　② 帅四进一　象 7 进 5

③ 马四进五

红方马踩中卒后，杀机四伏，黑方已难支撑。

③ ……　炮 7 退 8

黑方如改走象 5 退 7，马五进三，士 5 进 6，马三进五，士 6 进 5，马五进七，黑方将速败。

④ 马五进三　炮 7 平 6

黑方弃炮延缓红方的攻势，无奈之举。

⑤ 马三进四　卒 3 进 1　　　　⑥ 车六平七　车 4 进 3

⑦ 车七进五　车 4 退 3　　　　⑧ 车七退四

胜势下红方弈来随意，如改走炮五平三，象 5 进 7，炮三平二，必将得车速胜。

⑧ ……　马 2 进 1　　　　　　⑨ 马四退三　车 4 进 3

⑩ 马三进五　炮 8 平 3　　　　⑪ 车七平四

以下如将 5 平 4，炮五平六，黑方难解肋炮卧槽马的杀势。

【例 10】如图 9–21，黑先。

这是 2012 年全国象棋个人赛黄士清与吕钦之间的一盘对局，双方行棋至第 43 回合以后，形成图 9–22 的局势。

观枰可见：红方阵型看似牢固，实则不然。边相未能及时回防，给黑方车炮卒联攻留下了机会，看黑方如何利用红方的弱点抢先成杀。

① ……　炮 3 平 2　　　　　　② 相一退三

红方退相准备相三进五联防，加强防御。

② ……　炮 2 进 1

黑方进炮叫将恰到好处，破坏红方联相的意图。

③ 相七进九　车 4 进 3

黑方进车打将，迫使红方上帅，自塞相眼。

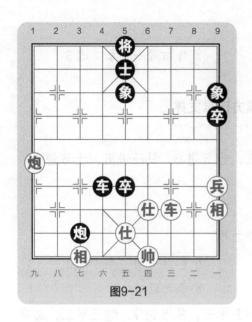

图9-21

④帅四进一　车4平5

黑方平车占中佳着，以后通过退炮打将，把红方双仕联防打散。

⑤相九进七　炮2退1

⑥仕五进六　卒5平4

⑦车三进一　卒4进1

⑧车三平八　炮2平3

黑方平炮攻守兼备，用意深远。

⑨车八进六　士5退4

⑩炮九进五　卒4进1

黑方进卒抢先成杀。

⑪仕四退五　象5退3

由于黑炮借红相为炮架，可以给黑象生根，这样黑方可以利用退象解抽还杀，并伏有卒4平5的杀棋，黑方胜定。

第十章　杀法练习与闯关测试

一、象棋杀法猜子练习

以下各题均为红方先行，结果为红胜。请写出空白棋子的名称，并依此子名称写出杀法的推演过程。空白棋子的兵种不止一种选择。

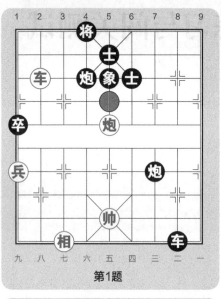

第1题

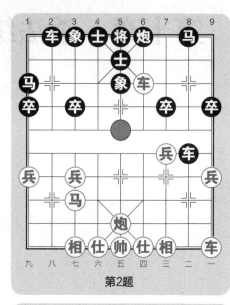

第2题

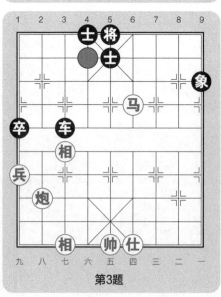

第3题

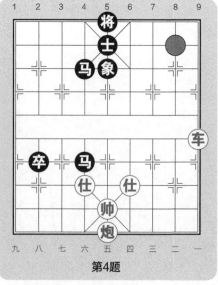

第4题

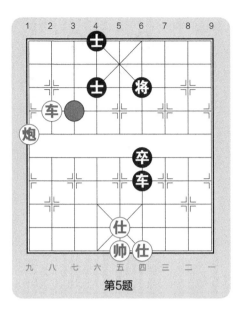

第5题

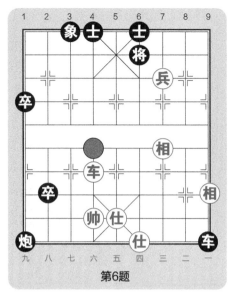

第6题

第7题

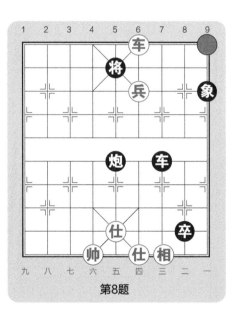

第8题

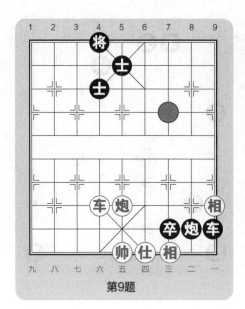

第9题

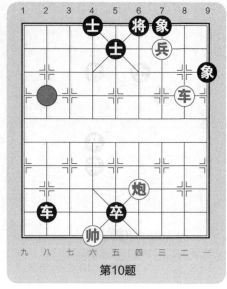

第10题

二、象棋杀法应用练习

　　以下各题均为红方先行，结果均为红胜。这些题目均选自实战对局，由于胜负已经明朗，棋手在实战中并没有继续对弈下去。请续写着法，直至推演到绝杀的结果。

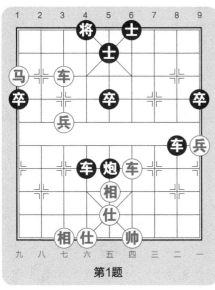

第1题

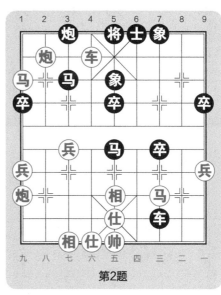

第2题

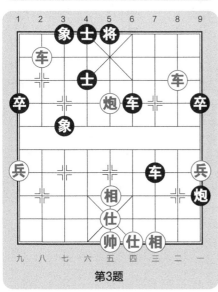

第3题

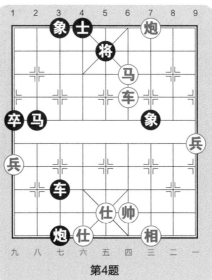

第4题

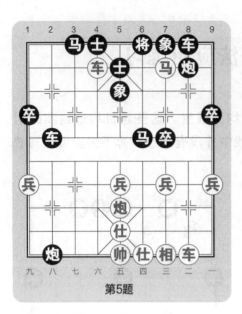

第5题

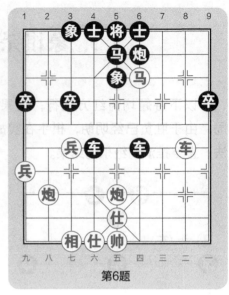

第6题

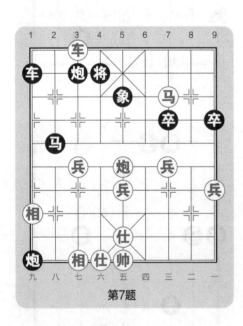

第7题

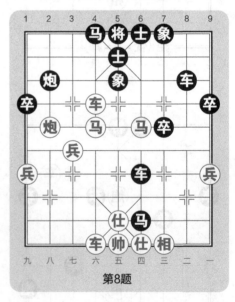

第8题

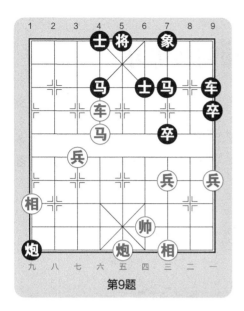

第9题

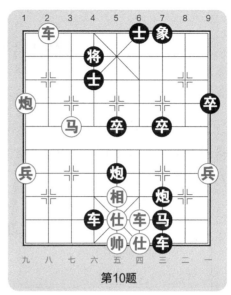

第10题

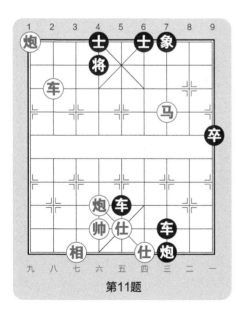

第11题

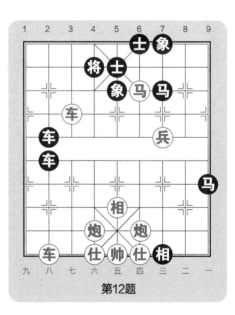

第12题

三、象棋杀法闯关练习

以下各题均为红方先行，结果均为红胜。每一关的评测结果，建议答对题数在 6 道及以下，应重新练习。答对 7 ~ 8 题，应查找不足。答对 9 道题以上，视为闯关成功。

第一关　初窥门径（一步杀）

第1题

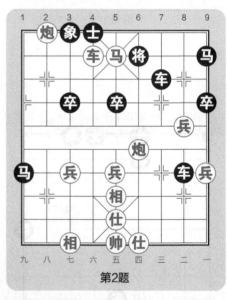

第2题

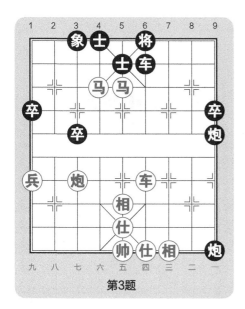

第3题

第4题

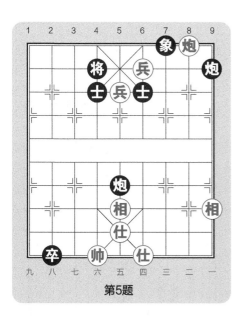

第5题

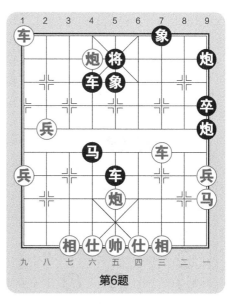

第6题

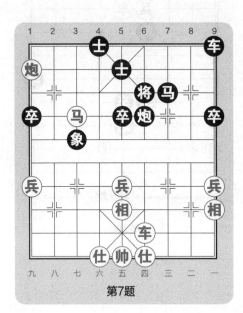

第7题

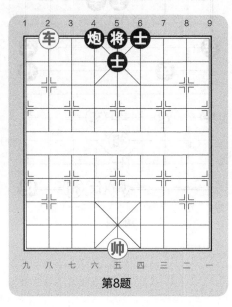

第8题

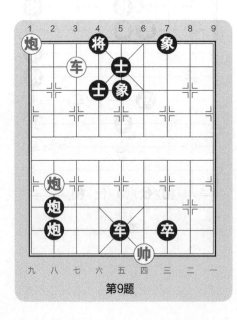

第9题

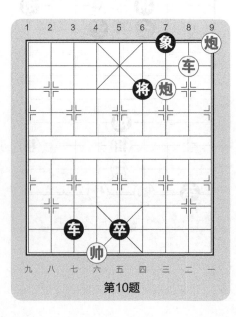

第10题

第二关　驾轻就熟 （两步连将杀）

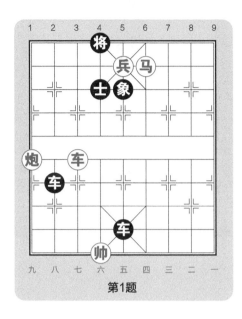

第1题

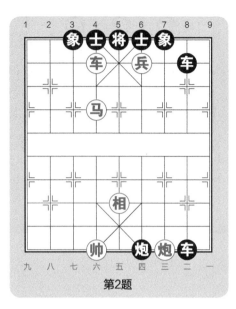

第2题

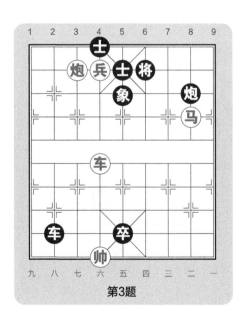

第3题

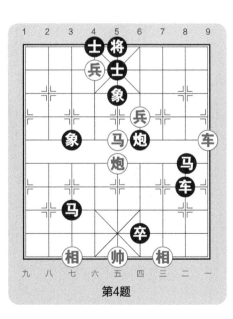

第4题

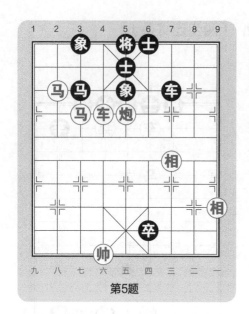

第5题

第6题

第7题

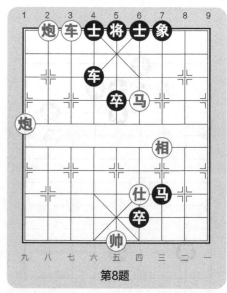

第8题

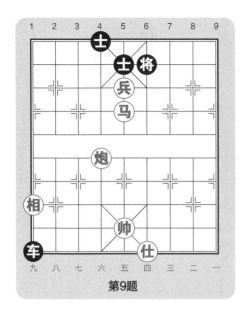

第9题

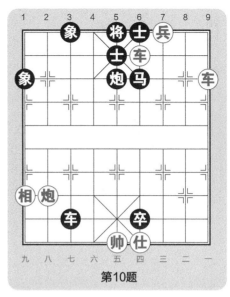

第10题

第三关　渐入佳境（三步连将杀）

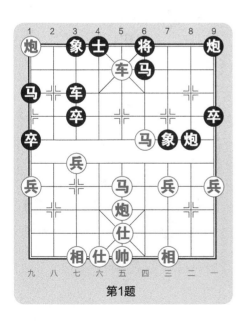

第1题

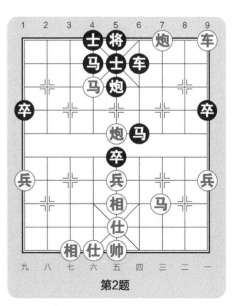

第2题

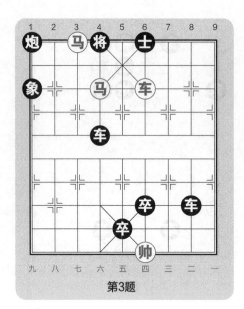

第3题

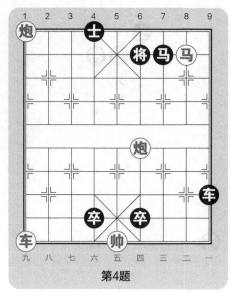

第4题

第5题

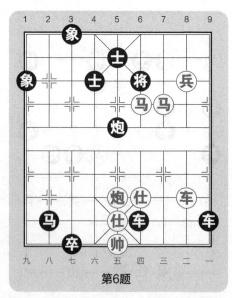

第6题

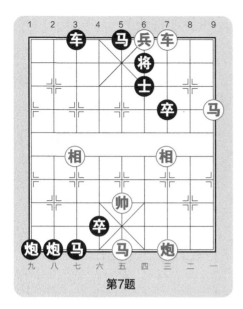

第7題

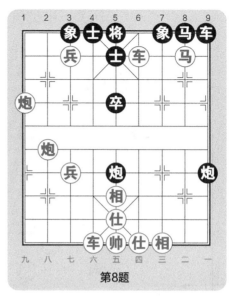

第8題

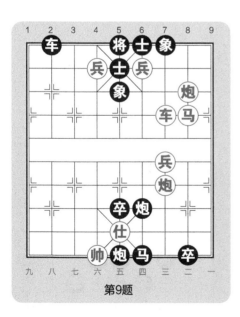

第9題

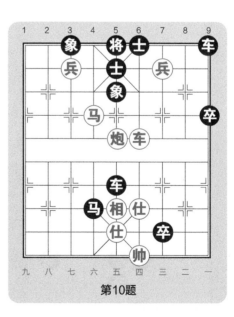

第10題

第四关　出类拔萃　（四步连将杀）

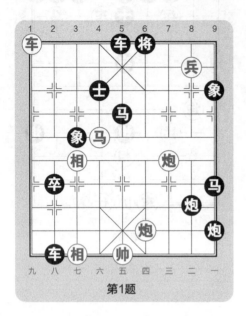

第1题

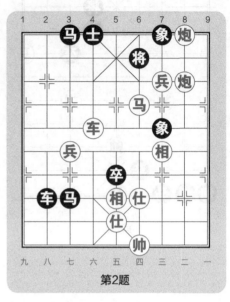

第2题

第3题

第4题

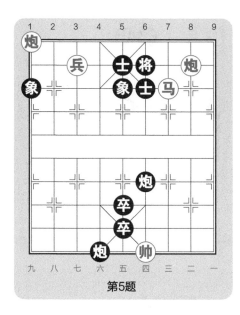

第5题

第6题

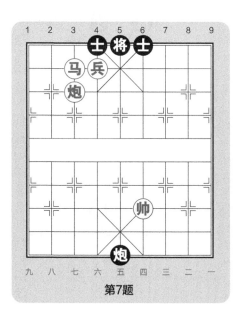

第7题

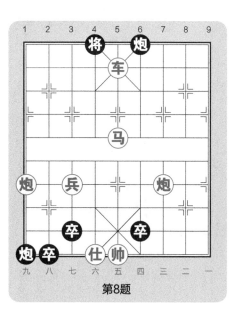

第8题

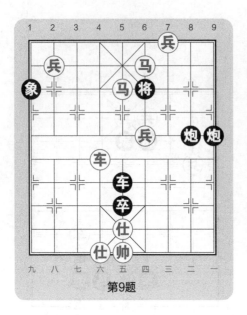

第9题

第10题

第五关　了然于胸　（五步连将杀）

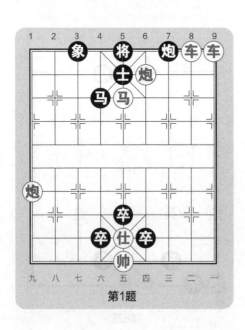

第1题

第2题

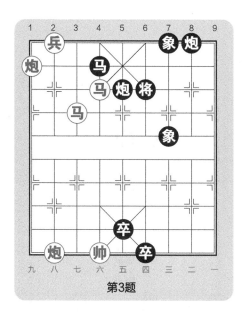

第3题

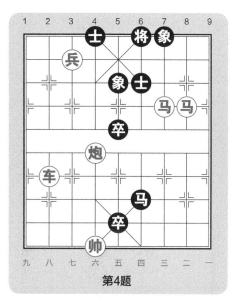

第4题

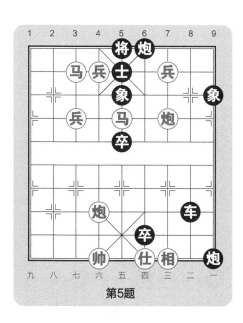

第5题

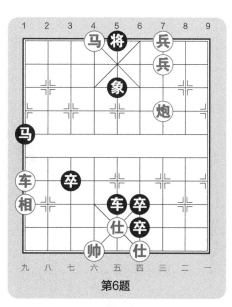

第6题

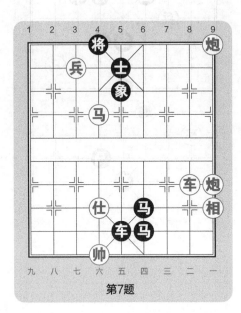

第7题

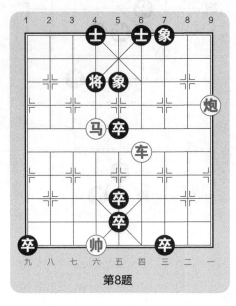

第8题

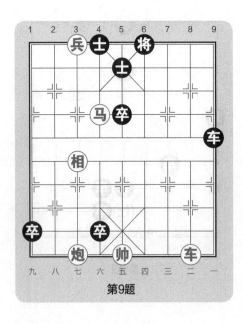

第9题

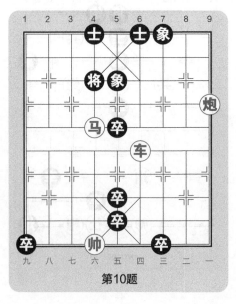

第10题

第六关　略有小成 （六步连将杀）

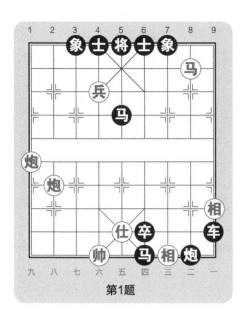

第1题

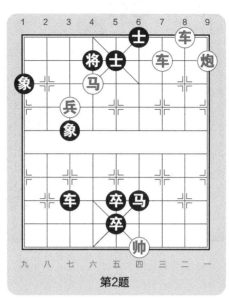

第2题

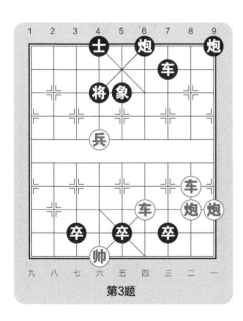

第3题

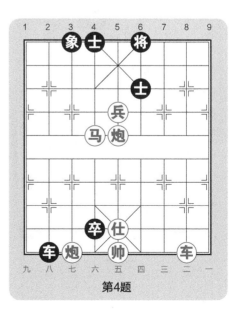

第4题

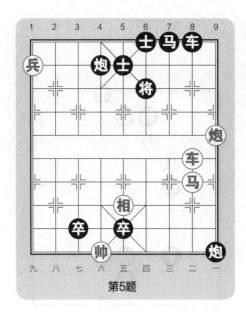

第5题

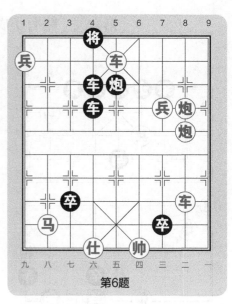

第6题

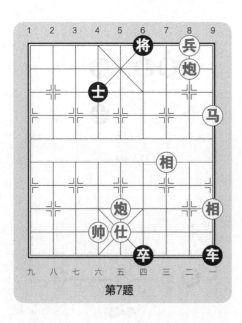

第7题

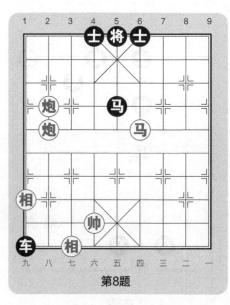

第8题

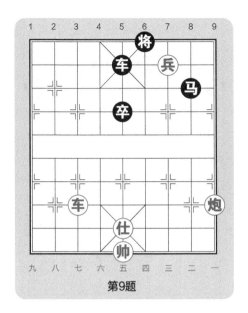

第9题

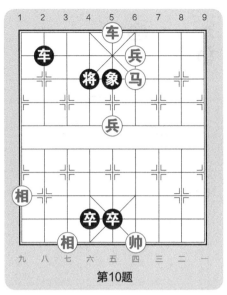

第10题

第七关 心领神会 （七步连将杀）

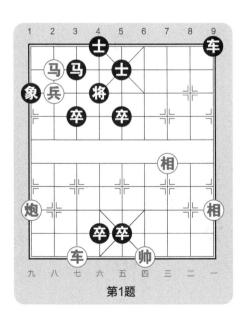

第1题

第2题

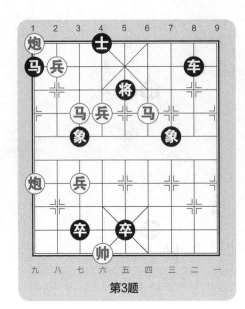

第3题

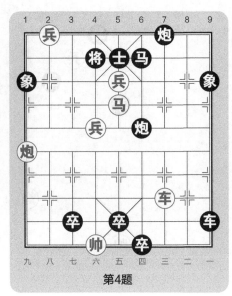

第4题

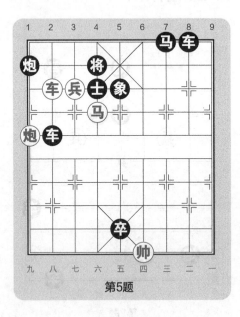

第5题

第6题

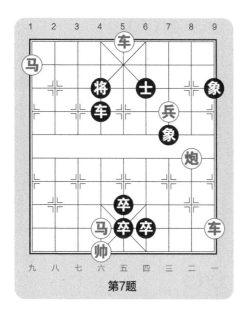

第7题

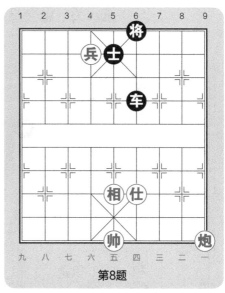

第8题

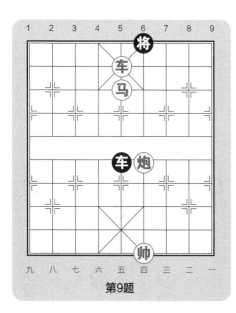

第9题

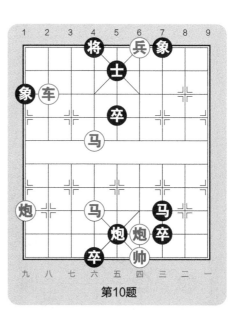

第10题

第八关 融会贯通 （八步连将杀）

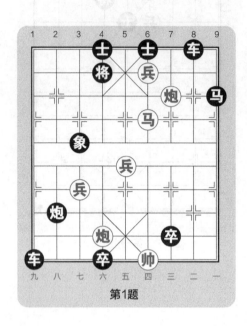

第1题

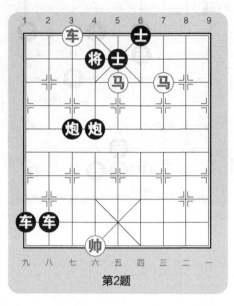

第2题

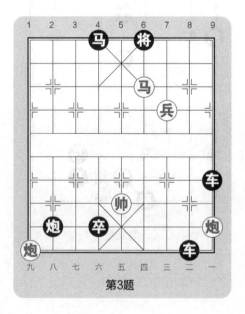

第3题

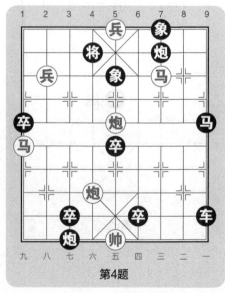

第4题

第5题

第6题

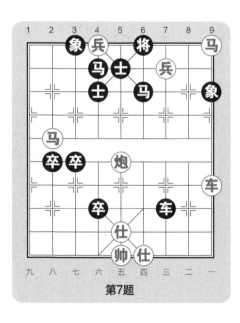

第7题

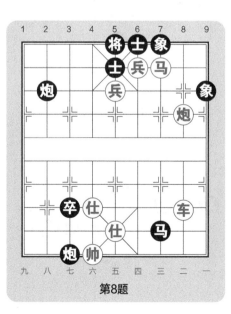

第8题

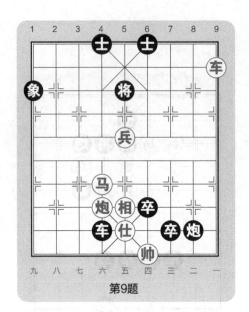

第9题

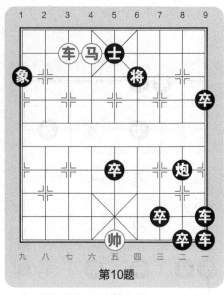

第10题

第九关　深不可测 （九步连将杀）

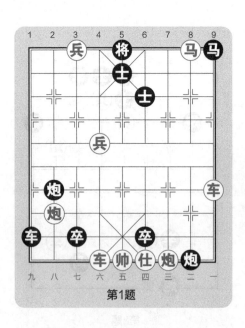

第1题

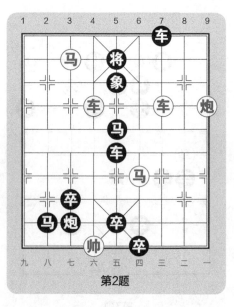

第2题

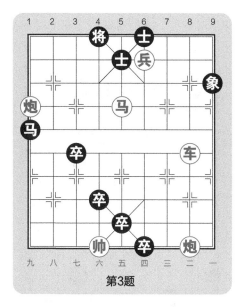

第3题

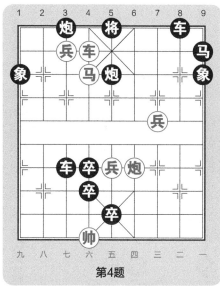

第4题

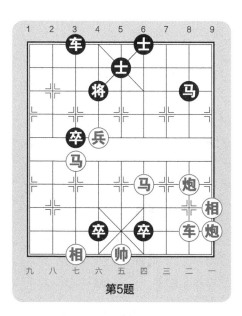

第5题

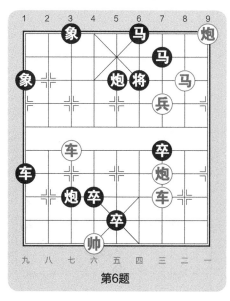

第6题

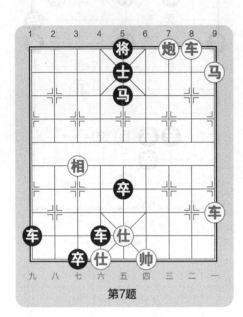

第7题

第8题

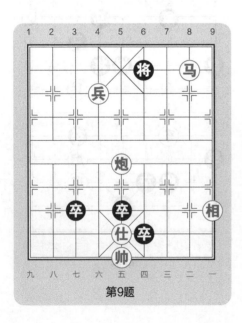

第9题

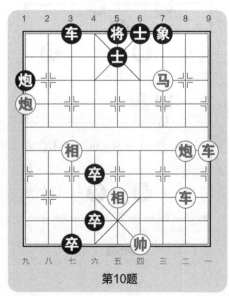

第10题

第十关　登堂入室　（十步连将杀）

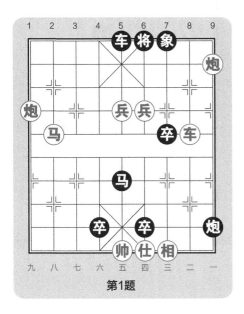

第1题

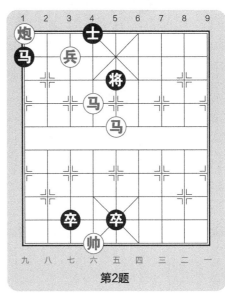

第2题

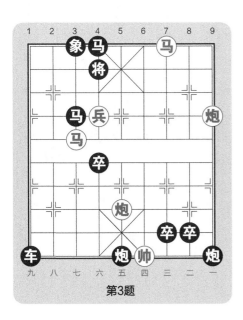

第3题

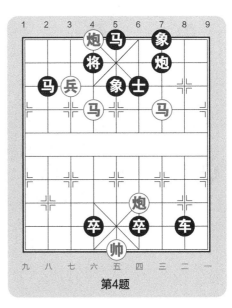

第4题

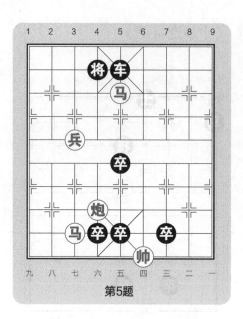

第5题

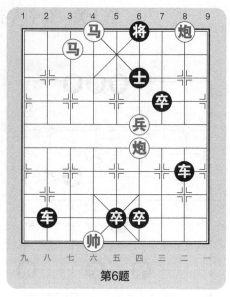

第6题

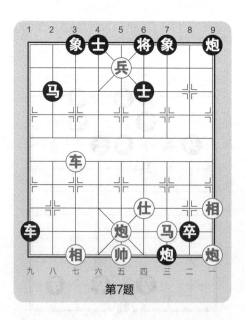

第7题

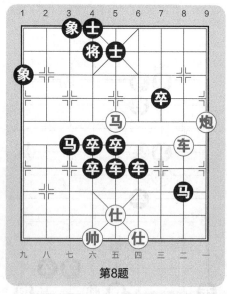

第8题

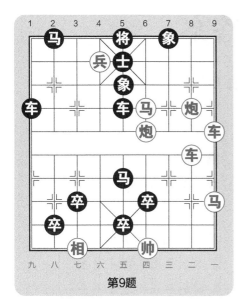

第9题

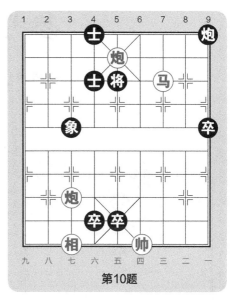

第10题

参考答案

一、象棋杀法猜子练习答案

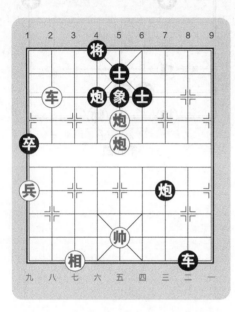

第 1 题

空白棋子如为炮

① 车八进二　象 5 退 3

② 车八平七　将 4 进 1

③ 前炮平六　炮 4 平 5

④ 炮五平六

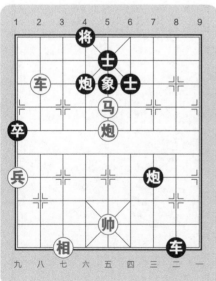

空白棋子如为马

① 马五进七　将 4 平 5

② 车八进二　炮 4 退 2

③ 车八平六

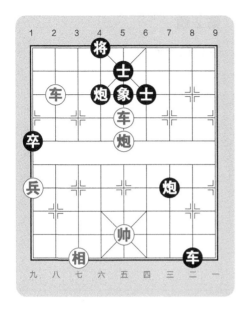

空白棋子如为车

① 车八进二　　将4进1
② 炮五平六　　炮4平3
③ 车五平六　　炮3平4
④ 车八退一　　将4退1
⑤ 车六进一　　将4平5
⑥ 车八进一　　士5退4
⑦ 车六进二　　将5进1
⑧ 车八退一

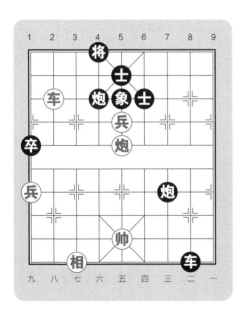

空白棋子如为兵

① 车八进二　　将4进1
② 炮五平六　　炮4平3
③ 兵五平六　　炮3平4
④ 车八退一　　将4退1
⑤ 兵六进一　　将4平5
⑥ 车八进一　　士5退4
⑦ 车八平六　　将5进1
⑧ 兵六平五　　将5平6
⑨ 兵五平四　　将6进1
⑩ 车六平四

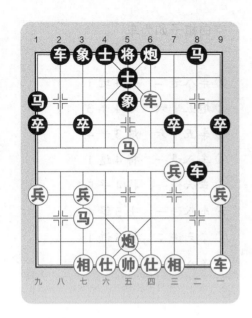

第2题

空白棋子如为马

① 马五进六

空白棋子如为炮

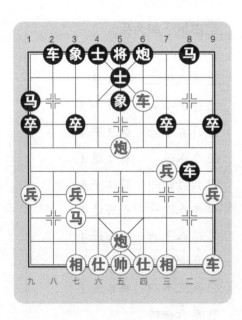

① 车四平五　炮6进3
② 车五平四　炮6平5
③ 炮五进五　象3进5
④ 后炮进二

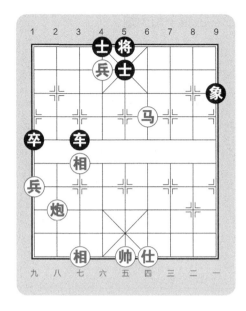

第 3 题

空白棋子如为兵

① 炮八进七　车 3 退 4
② 兵六平五　将 5 平 6
③ 马四进二　车 3 平 2
④ 兵五进一

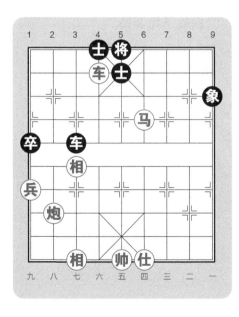

空白棋子如为车

① 炮八进七　车 3 退 4
② 车六进一

221

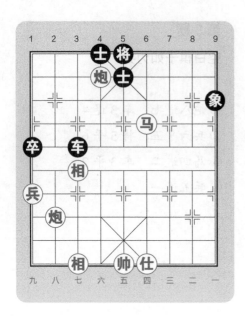

空白棋子如为炮

① 马四进六　车3平5

② 马六退五　士5进6

③ 炮六退七　卒1进1

④ 炮六平五　士4进5

⑤ 马五进七　士5退6

⑥ 马七进五　士6进5

⑦ 马五进七　将5平4

⑧ 炮五平六　卒1进1

⑨ 炮八平六

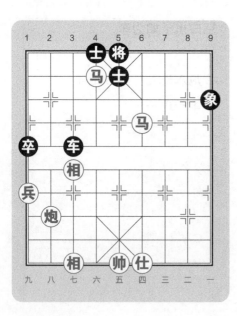

空白棋子如为马

① 马四进三　将5平6

② 炮八进七　车3退4

③ 马三退一　车3平2

④ 马六进八　卒1进1

⑤ 兵九进一　士5进6

⑥ 马一退三　士4进5

⑦ 马三进二　将6进1

⑧ 马八退七　士5退6

⑨ 马七进六

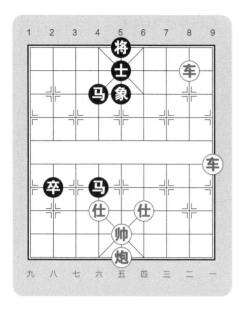

第 4 题

空白棋子如为车

① 炮五进七　将 5 平 4

② 车二平五　马 4 进 6

③ 车一进五　马 4 退 5

④ 车一平五

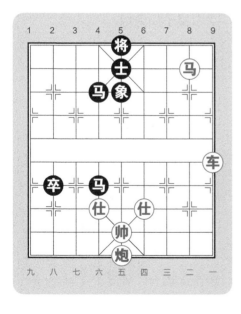

空白棋子如为马

① 车一进五　士 5 退 6

② 车一平四　将 5 进 1

③ 炮五平一　马 4 进 6

④ 炮一进八

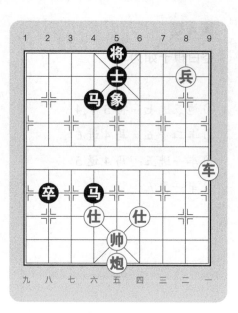

空白棋子如为兵

① 车一进五　士5退6

② 兵二平三　将5进1

③ 车一平四　马4进6

④ 炮五平一　马6进7

⑤ 帅五进一　马7退9

⑥ 兵三平四　将5平4

⑦ 车四平五　马4退2

⑧ 兵四平五　将4进1

⑨ 炮一平六

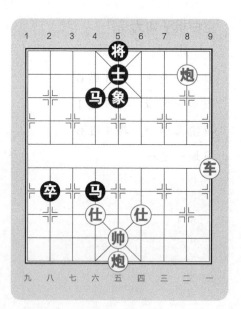

⑪ 炮五平六　卒3平4

⑬ 炮七平六　马5退4

空白棋子如为炮

① 车一进五　士5退6

② 炮二进一　士6进5

③ 炮二退二　士5退6

④ 炮二平六　马4退6

⑤ 帅五平四　马6进5

⑥ 车一退二　士6进5

⑦ 车一平五　马5退4

⑧ 帅四平五　马4退6

⑨ 车五进一　将5平4

⑩ 炮六平七　卒2平3

⑫ 炮六进三　马6进5

⑭ 帅五平四

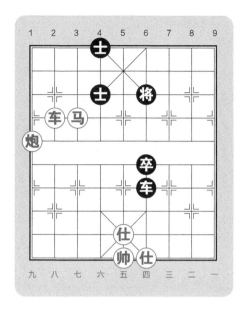

第 5 题

空白棋子如为马

① 马七进六　士 4 退 5

② 车八进一　将 6 退 1

③ 马六退五　将 6 退 1

④ 炮九进四

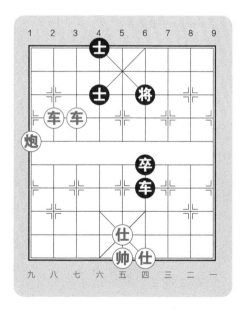

空白棋子如为车

① 车七平四　将 6 平 5

② 车八平五

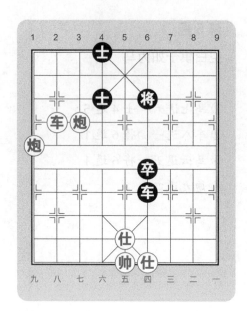

空白棋子如为炮

① 炮七进二　卒6平5

② 炮九进三　车6平1

③ 车八平四　将6平5

④ 车四平五　将5平6

⑤ 车五退二　车1进3

⑥ 仕五退六　车1平4

⑦ 帅五平六　士4退5

⑧ 帅六平五　士5退6

⑨ 车五进三

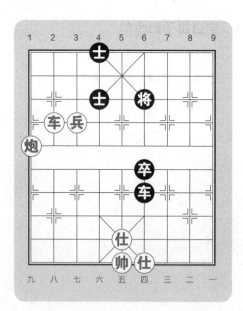

空白棋子如为兵

① 兵七进一　车6平4

② 车八平四　将6平5

③ 车四平五　将5平6

④ 仕五进四　卒6平5

⑤ 车五退二　车4平6

⑥ 兵七平六　车6进1

⑦ 炮九退五　车6进1

⑧ 兵六进一　车6退1

⑨ 车五进三　将6退1

⑩ 炮九进八　士4进5

⑪ 车五进一　将6退1

⑫ 车五进一

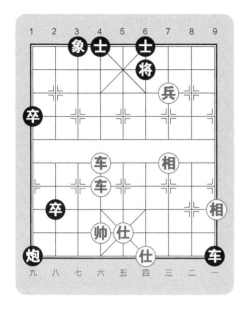

第6题

空白棋子如为车

① 车六进四　士6进5

② 车六平四

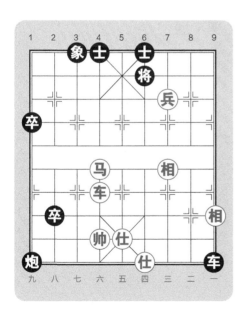

空白棋子如为马

① 马六进五　象3进5

② 兵三进一　将6平5

③ 马五进三　将5退1

④ 车六进六

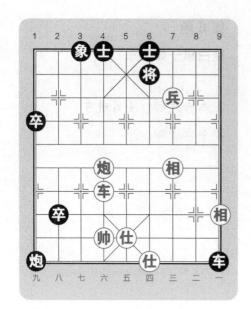

空白棋子如为炮

① 炮六进四　炮1平5

② 相三退五　车9平7

③ 相一退三　炮5平4

④ 仕五退六　将6平5

⑤ 车六平五　将5平6

⑥ 车五进四　卒2进1

⑦ 兵三平四

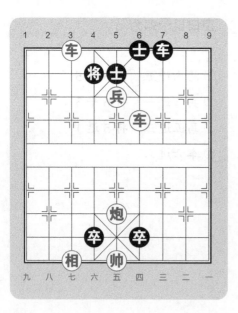

第7题

空白棋子如为车

① 车四平六　士5进4

② 车六进一

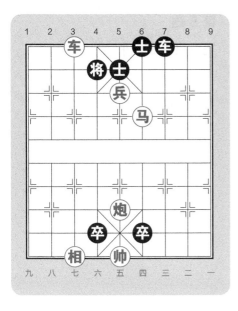

空白棋子如为马

① 兵五平六　士5进4
② 炮五平六　士4退5
③ 车七退一　将4退1
④ 马四进六

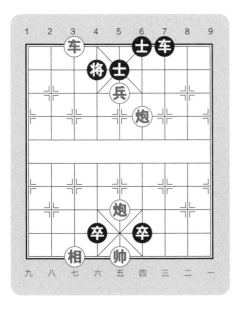

空白棋子如为炮

① 炮四进二　士5进6
② 兵五平六　将4平5
③ 车七退一　将5退1
④ 炮四平五　将5平4
⑤ 车七进一

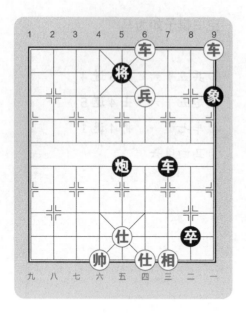

第8题

空白棋子如为车

① 车一退一

空白棋子如为马

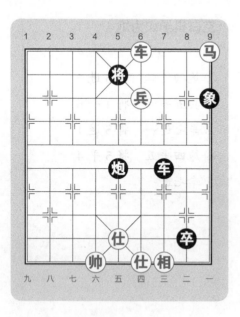

① 车四退一　将5退1

② 兵四平五　炮5平4

③ 兵五进一　将5平4

④ 车四进一

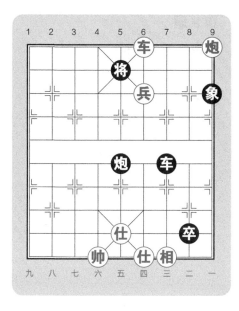

空白棋子如为炮

① 车四退一　将 5 退 1

② 兵四平五　炮 5 平 4

③ 兵五进一　将 5 平 4

④ 车四进一

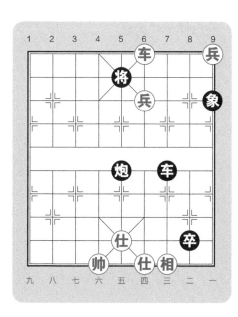

空白棋子如为兵

① 车四退一　将 5 退 1

② 兵四平五　炮 5 平 4

③ 兵五进一　将 5 平 4

④ 车四进一

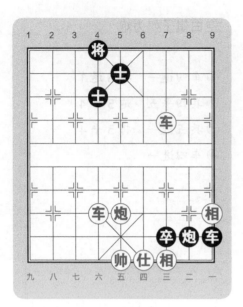

第9题

空白棋子如为车

① 车六平七　　车9退1

② 车三进三　　士5退6

③ 车三平四　　将4进1

④ 车七进六

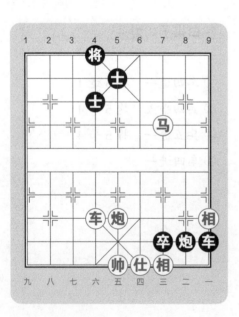

空白棋子如为马

① 马三进四　　将4进1

② 炮五进四　　士5退6

③ 炮五平一　　车9退1

④ 车六进五

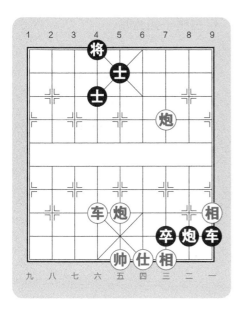

空白棋子如为炮

① 炮三平六

第 10 题

空白棋子如为车

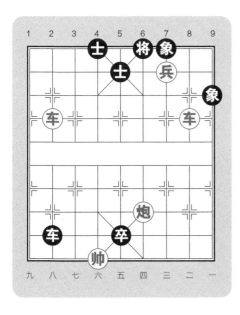

① 兵三平四　　将 6 进 1
② 车八平四　　士 5 进 6
③ 车二进二　　将 6 退 1
④ 车四平三　　将 6 平 5
⑤ 车三进三

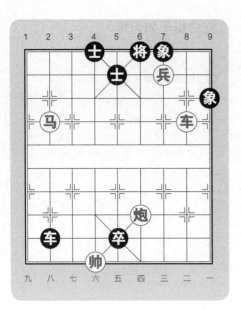

空白棋子如为马

① 车二平四　士5进6

② 车四进一　将6平5

③ 马八进七　将5进1

④ 车四进一

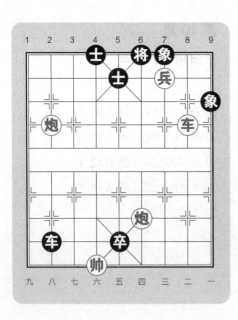

空白棋子如为炮

① 兵三平四　将6平5

② 炮四平五　士5退6

③ 炮八平五

二、象棋杀法应用练习答案

第1题

①车七进二　将4进1　　②马九退七　将4进1

③车四进四　士5进6　　④车七平六

第2题

①马九进七　车7进1　　②相五退三　马5进6

③仕五进四　士6进5　　④车六平五　将5平6

⑤车五进一

第3题

①车二进二　车7退6　　②车二平三　车6退3

③车三退一　车6进9　　④仕五退四　炮9平6

⑤车八平五　将5平6　　⑥车三进一

第4题

①马四进二　车3平8　　②车四进二　将5进1

③马二进四　车8进1　　④帅四进一　车8平6

⑤帅四退一　炮3退1　　⑥仕五退四　马2进1

⑦车四平六

第5题

①炮五平四　士5进6　　②车二进七　士4进5

③车六平五　炮8平5　　④车二平四　炮5平6

⑤车四进一　将6平5　　⑥车四平六

第6题

①车二平四　车4平5　　②车四平五　马5进3

③车五进三　士4进5　　④炮五平二　将5平4

⑤炮二进七　将4进1　　⑥炮八平六　马3进5

⑦车五退一　士5进6　　⑧炮二退六　炮6平5

⑨炮二平六

第7题

①马三进四　将4进1　　②车七平六　炮3平4

③马四退二　象5进7　　④马二退三　马2进4

⑤兵七进一　马4退5　　⑥兵七进一　车1进2

⑦兵七进一　马5退3　　⑧马三进四　将4平5

⑨马四退五　将5平6　　⑩车六平四　炮4平6

⑪车四退一

第8题

①马六进四　士5进4　　②马四进六　将5进1

③马六进八　马4进2　　④前车进二　将5退1

⑤炮八平五　士6进5　　⑥车六平五　将5平6

⑦车五进一　将6进1　　⑧车六进八　将6进1

⑨车五平四

第9题

①车六进一　车9退1　　②马六进七　车9平3

③车六平五　士4进5　　④车五进一　将5平6

⑤车五平七　象7进5　　⑥车七平八　炮1平4

⑦车八进一　将6进1　　⑧马七进六　将6退1

⑨马六退五　将6进1　　⑩车八退一　炮4退8

⑪ 车八平六

第 10 题

① 马七进八　将 4 平 5
② 马八进七　将 5 退 1
③ 炮九进一　车 4 平 5
④ 帅五平六　车 5 进 1
⑤ 帅六进一　车 5 平 4
⑥ 帅六退一　车 7 平 6
⑦ 车四退一　马 7 退 5
⑧ 帅六进一　马 5 进 6
⑨ 帅六平五　炮 7 平 5
⑩ 帅五平四　前炮平 3
⑪ 马七退六　将 5 进 1
⑫ 车八退一　炮 3 退 6
⑬ 车八平七

第 11 题

① 炮六进五　车 7 平 5
② 仕四进五　士 4 进 5
③ 车八进一　将 4 退 1
④ 炮六进一　炮 7 退 1
⑤ 仕五退六　车 5 进 1
⑥ 帅六进一　士 5 进 4
⑦ 仕六进五　炮 7 进 1
⑧ 炮六平七　炮 7 平 4
⑨ 炮七进一

第 12 题

① 车七平六　士 5 进 4
② 车八平九　车 2 退 3
③ 车九进七　车 2 退 3
④ 炮六进二　将 4 平 5
⑤ 车六平二　马 7 进 9
⑥ 车二平一　象 5 进 7
⑦ 炮四平五　将 5 平 6
⑧ 炮六平四　将 6 进 1
⑨ 车一平四

三、象棋杀法闯关练习答案

第一关　初窥门径
（一步杀）

第1题

①马二进三

第2题

①马五退四

第3题

①炮七进六

第4题

①炮一平六

第5题

①兵五平六

第6题

①车三进四

第7题

①车四进五

第8题

①帅五进一

第9题

①炮八进六

第10题

①炮一退二

第二关　驾轻就熟
（两步连将杀）

第1题

①兵五平六　　将4平5

②车七进五

第2题

①车六平五　　士6进5

②马六进七

第3题

①车六平四　　炮8平6

②车四进三

第4题

①车一进四　　象5退7

②车一平三

第5题

①马八进九　　车7进3

②马九退七

第6题

①炮二平六　　士5退6

②车一平四

第7题

①兵六平五　　士6退5

②车四进五

第8题

①车七退一　士4进5

②炮九进四

第9题

①兵五进一　将6退1

②马五进三

第10题

①炮八进七　士5退4

②兵三平四

第三关　渐入佳境
（三步连将杀）

第1题

①炮五平四　炮8平6

②马五进四　炮9进6

③马四进三

第2题

①炮三退三　车6退1

②炮三平七　车6平9

③炮七进三

第3题

①车四进二　将4进1

②马七退八　将4平5

③车四平五

第4题

①马二退三　将6进1

②车九进七　马7进5

③车九平五

第5题

①马四退三　将5平4

②前马退五　将4退1

③马三进四

第6题

①兵二平三　将6退1

②兵三平四　将6退1

③车二进七

第7题

①马一进二　车3进3

②车三退一　将6退1

③车三平五

第8题

①炮八平五　象3进5

②炮九进三　象5退3

③车六进九

第9题

①车三平八　士5退4

②炮三进六　士6进5

③炮二进二

第10题

①兵七进一　卒7进1

②相五退三　车5进2

③马六进四

239

第四关　出类拔萃
（四步连将杀）

第1题

①炮三平四　炮8平6

②马六进四　马5进6

③车九平五　将6进1

④炮四进三

第2题

①炮二进一　车2进2

②车六退五　车2平4

③仕五退六　前马进4

④马四进三

第3题

①兵四进一　象9退7

②兵四平五　将4进1

③马五进七　将4进1

④车二平六

第4题

①兵六平五　马4退5

②兵四进一　将5平6

③兵三平四　将6平5

④车三进三

第5题

①马三进二　将6退1

②兵七进一　士5退4

③兵七平六　象5退3

④兵六平五

第6题

①车三平九　车4进1

②仕五退六　马6退4

③炮三平六　炮7平1

④车九进四

第7题

①炮七平八　炮5平4

②炮八进一　士4进5

③兵六平五　将5平4

④兵五进一

第8题

①马五进四　卒6进1

②帅五进一　卒3平4

③帅五进一　炮1平4

④车五进一

第9题

①马五进六　卒5进1

②仕六进五　车5进2

③帅五进一　炮9平6

④车六进三

第10题

①兵五进一　车1进4

②帅四进一　车1平6

③炮一平四　马5进7

④兵五平六

第五关　了然于胸
（五步连将杀）

第1题

① 车二平三　士5退6

② 炮九平五　马4进5

③ 马五进七　将5平4

④ 车三平四　将4进1

⑤ 车四平六

第2题

① 兵六进一　将4平5

② 炮三进一　士6进5

③ 兵六平五　将5平4

④ 兵四进一　象5退7

⑤ 兵四平五

第3题

① 马七进六　炮5退1

② 炮八进七　象7进5

③ 马六退五　将6退1

④ 马五进三　将6退1

⑤ 炮九进一

第4题

① 马三进二　将6平5

② 前马退四　将5进1

③ 兵七平六　将5平4

④ 车八进五　将4进1

⑤ 马四退五

第5题

① 炮六平三　士5进4

第6题

② 兵三平四　炮6平9

③ 兵六平五　将5平4

④ 兵五进一　将4进1

⑤ 前炮进二

第6题

① 后兵平四　车5平4

② 仕五进六　前卒进1

③ 马六退五　前卒平5

④ 帅六平五　卒6进1

⑤ 炮三平五

第7题

① 车二进六　象5退7

② 车二平三　士5退6

③ 仕六退五　将4平5

④ 前炮平四　前马进8

⑤ 炮四退一

第8题

① 炮一退三　前卒平4

② 帅六进一　前卒平4

③ 帅六进一　将4退1

④ 车四进四　将4进1

⑤ 炮一平六

第9题

① 车二平四　车9平6

② 车四进五　士5进6

③ 车四进二　将6平5

④ 帅五平四　卒1进1

⑤ 车四进二

第10题

①炮一退三　前卒平4

②帅六进一　前卒平4

③帅六进一　卒5进1

④炮一平六　卒5平4

⑤马六进四

第六关　略有小成
（六步连将杀）

第1题

①炮九平五　象7进5

②马二退四　将5进1

③兵六进一　将5平6

④炮八平四　马5进6

⑤马四进二　马6退7

⑥炮五平四

第2题

①车三平五　将4平5

②车二退一　将5进1

③车二退一　将5退1

④马六退四　将5退1

⑤马四进三　将5平4

⑥车二平六

第3题

①兵六进一　将4退1

②车四进六　车7平6

③兵六进一　将4平5

④炮二平五　象5退3

⑤车二平五　象3进5

⑥车五进四

第4题

①车二进九　将6进1

②炮五平四　士6退5

③兵五平四　士5进6

④兵四进一　将6平5

⑤马六进七　将5平4

⑥车二平六

第5题

①车二平四　将6平5

②车四平五　将5平6

③马二进三　将6退1

④马三进五　将6进1

⑤车五平四　将6平5

⑥炮一平五

第6题

①前炮平六　车4进1

②炮二平六　车4平6

③兵三平四　炮5平6

④兵四进一　卒7进1

⑤帅四进一　卒7平6

⑥车二进七

第7题

①炮二平一　车9平8

②兵二平三　将6平5

③马一进三　将5平4

④炮一进一　车8退9

⑤兵三平二　将4进1

⑥仕五退四

第8题

①炮八平五　士4进5

②马四进二　车1退1

③帅六进一　车1平6

④马二进三　车6退7

⑤炮八进二　车6平7

⑥炮八平三

第9题

①车七进七　车5退1

②车七退一　车5进2

③炮一进六　车5退1

④车七平五　卒5进1

⑤炮一平二　马8进7

⑥兵三平四

第10题

①兵五进一　卒5进1

②帅四进一　卒4平5

③帅四平五　车2进7

④帅五退一　车2平5

⑤帅五进一　象5退3

⑥车五平七

第七关　心领神会
（七步连将杀）

第1题

①兵八平七　将4退1

②兵七进一　将4进1

③兵七进一　将4退1

④马八退七　将4进1

⑤马七进八　将4退1

⑥车七进八　将4进1

⑦车七平五

第2题

①兵五进一　炮5进3

②马九进七　将5平4

③兵七平六　将4退1

④炮一平六　车9平4

⑤兵六进一　将4退1

⑥兵六进一　将4平5

⑦兵六进一

第3题

①兵六进一　将5平6

②马七退五　将6退1

③马五进三　将6进1

④炮九进四　象3退5

⑤马三进二　将6退1

⑥马四进二　将6平5

⑦兵六进一

第4题

①兵五进一　将4平5

②炮九平五　炮6平5

③马五进四　将5平4

④马四退五　将4平5

⑤马五进三　将5平6

参考答案

⑥车三平四　炮5平6

⑦车四进三

第5题

①兵七平六　将4退1

②车八进二　车2退4

③兵六进一　将4平5

④炮九平五　象5进7

⑤兵六平五　将5平4

⑥炮五平六　炮1平4

⑦马六进七

第6题

①马四进三　将5平6

②炮一进一　将6退1

③炮一进一　将6进1

④兵二平三　将6进1

⑤马三进五　将6平5

⑥马五进三　将5平6

⑦兵三平四

第7题

①马九进七　将4退1

②马七退八　将4进1

③马八退六　前卒平4

④帅六进一　卒6平5

⑤车一平五　卒5进1

⑥车五退八　象7退5

⑦炮二平六

第8题

①炮一平四　士5进4

②炮四进六　将6进1

③炮四平六　士4退5

④炮六退五　将6进1

⑤炮六平四　将6平5

⑥炮四平五　将5平6

⑦兵六平五

第9题

①炮四退二　车5进2

②炮四进二　车5平6

③帅四平五　车6退2

④马五退三　车6进4

⑤帅五进一　车6退1

⑥帅五退一　车6退2

⑦车五进一

第10题

①前马进七　将4进1

②炮四进七　士5退6

③炮九平三　卒4平5

④帅四平五　炮5平3

⑤炮三进六　将4进1

⑥马七进六　炮3退6

⑦车八平七

第八关　融会贯通
（八步连将杀）

第1题

①炮三平六　炮2平4

②前炮平八　炮4平9

③马四退六　炮9平4

④马六进五　炮4平9

⑤马五退七　将4进1

⑥马七进八　将4退1

⑦炮八平六　炮9平4

⑧马八退七

第2题

①马五退七　将4进1

②马七退五　将4平5

③车七退二　炮4退2

④马三进四　士5退6

⑤车七平六　将5退1

⑥车六进一　将5进1

⑦马五进三　将5平6

⑧车六平四

第3题

①炮一平四　炮2平6

②马四进六　将6进1

③炮九进八　马4进2

④马六退五　将6进1

⑤兵三进一　将6平5

⑥兵三平四　将5平4

⑦马五进四　炮6退7

⑧兵四平五

第4题

①炮五平六　卒5平4

②前炮平二　卒4平5

③炮二进三　将4进1

④马九进七　象5进3

⑤兵八平七　将4平5

⑥马三退四　将5平6

⑦炮六平四　卒5平6

⑧马四进二

第5题

①兵六平七　士4退5

②后马退六　士5进4

③马六进五　士4退5

④兵七平六　士5进4

⑤马五进四　马8退6

⑥兵六平五　将4平5

⑦车二进八　将5进1

⑧炮六平五

第6题

①炮四退五　卒6平7

②前兵平四　卒7平6

③兵四平三　卒6平7

④兵三平四　卒7平6

⑤兵四平五　卒6平7

⑥马三退四　卒7平6

⑦马四退二　卒6平7

⑧马二退四

第7题

①兵六平五　马6退5

②车一平四　士5进6

③炮五平四　士6退5

④马八进六　车7退2

⑤车四平二　象9退7

⑥车二进六　车7退4

⑦马六进四　车7平6

⑧车二平三

第8题

①炮二平八　将5平4

②车二进四　卒3平4

③车二平六　炮2平4

④兵五平六　士5进4

⑤车六进一　将4平5

⑥车六退五　士6进5

⑦兵四平五　将5平6

⑧车六进七

第9题

①兵五进一　将5平6

②炮六平四　车4退2

③车一退一　将6退1

④兵五进一　车4进3

⑤仕五退六　卒7进1

⑥帅四进一　炮8退6

⑦车一进一　炮8退1

⑧车一平二

第10题

①车七退一　将6退1

②车七平二　象1进3

③车二进一　将6退1

④车二平五　象3退5

⑤车五退一　将6进1

⑥车五退四　炮8退4

⑦车五平四　炮8平6

⑧车四进四

第九关　深不可测

（九步连将杀）

第1题

①车一进六　卒6进1

②帅五进一　卒3平4

③帅五进一　炮2平5

④马二退三　炮8退9

⑤车一平二　士5退6

⑥炮八进七　将5进1

⑦车二退一　将5进1

⑧马三进四　将5平4

⑨车二平六

第2题

①车六进二　将5退1

②车六进一　将5进1

③车六平五　将5平6

④车五平四　将6平5

⑤车三进二　车7进1

⑥炮一平五　象5退7

⑦马七退五　将5进1

⑧炮五退二　马5退6

⑨马四进五

第3题

①马五进七　将4平5

②炮九平五　士5进4

③兵四进一　将5平6

④车二进五　将6进1

⑤马七进六　将6平5

⑥车二退一　将5退1

⑦马六退五　士4退5

⑧车二平五　将5平6

⑨车五平一

第4题

①车六平一　将5平4

②车一平六　将4平5

③车六平二　将5平4

④兵七平六　将4平5

⑤兵六平五　将5平4

⑥车二进一　象9退7

⑦炮四平六　车3平4

⑧车二平三　炮3平7

⑨马六进八

第5题

①马四进五　将4退1

②炮二平六　士5进4

③兵六平七　将4平5

④车二进六　卒4平5

⑤炮一平五　卒6平5

⑥帅五进一　将5退1

⑦车二平五　士6进5

⑧马五进四　将5平6

⑨炮六平四

第6题

①炮一退二　马6进7

②车七平四　卒7平6

③炮三平四　卒6进1

④兵三进一　将6退1

⑤兵三进一　将6平5

⑥兵三平四　将5平4

⑦车三平六　车1平4

⑧车六进一　炮5平4

⑨车六进四

第7题

①车一平八　车4进1

②仕五退六　车1平8

③车八进七　士5退4

④炮三平六　车8退8

⑤炮六平二　将5进1

⑥车八退一　马5退3

⑦马一退三　将5平4

⑧车八平七　将4退1

⑨马三进四

第8题

①炮九进六　车6平5

②马六进五　将6退1

③前马退三　将6退1

④炮九进二　车5平3

⑤马三进五　将6平5

⑥前马进七　将5平6

⑦马五进六　将6平5

⑧马六退七　将5平6

⑨后马进五

第9题

①仕五进四　将6平5

②马二退三　卒5平6

③兵六平五　将5平4

④马三进四　前卒平5

⑤帅五进一　卒6平5

⑥帅五进一　卒3平4

⑦帅五平四　卒4进1

⑧兵五平六　将4平5

⑨马四退五

第10题

①炮九平三　炮1进7

②帅四进一　炮1退1

③帅四进一　炮1退1

④相七退九　士5进6

⑤炮三进三　将5进1

⑥车一进四　将5进1

⑦炮二进三　将5平4

⑧马三进四　士6退5

⑨炮三退二

第十关　登堂入室
（十步连将杀）

第1题

①炮一进一　象7进5

②兵四进一　卒4进1

③帅五平六　车5平4

④炮一平六　马5进3

⑤帅六平五　卒6进1

⑥帅五平四　炮9进1

⑦相三进一　将6平5

⑧兵五进一　将5平4

⑨马八进七　将4平5

⑩车二进四

第2题

①马六退四　将5退1

②马四进三　将5平6

③马三退五　将6平5

④兵七平六　将5进1

⑤后马进七　将5平6

⑥马五退三　将6退1

⑦马三进二　将6进1

⑧马七退五　将6平5

⑨马五进三　将5平6

⑩马二进三

第3题

①马三退四　将4平5

②马七进五　马4进5

③马五进三　卒4平5

④马四进三　将5平4

⑤炮五平六　卒5平4

⑥兵六进一　将4退1

⑦兵六平五　卒4平5

⑧炮一进三　将4进1

⑨马三进四　将4退1

⑩马三退二

第4题

①炮四平六　马5进4

②兵七平六　将4退1

③马六进四　炮7平4

④兵六平五　马2进4

⑤马三进四　将4平5

⑥马四退六　将5平6

⑦炮六平四　炮4平6

⑧马四进二　炮6平7

⑨兵五平四　马4进6

⑩兵四进一

第5题

①马七进六　后卒平4

②马六进八　后卒平5

③马八进六　后卒平4

④马六进四　后卒平5

⑤兵七平六　后卒平4

⑥兵六平五　后卒平5

⑦马四进六　将4进1

⑧马五退六　后卒平4

⑨马六进八　将4平5

⑩兵五进一

第6题

①马六退五　将6进1

②兵四平五　士6退5

③马五退四　士5进6

④马四退二　士6退5

⑤兵五平四　士5进6

⑥兵四平三　将6平5

⑦马七退六　将5退1

⑧马六进四　将5进1

⑨马四进三　将5平6

⑩马二进三

第7题

①炮一进九　象7进5

②炮五平二　炮7平9

③炮一平三　象5退7

④兵五进一　将6进1

⑤车七平三　车1平5

⑥帅五进一　士6退5

⑦车三进四　将6进1

⑧马三进二　炮9退1

⑨帅五退一　炮9进1

⑩马二进三

第8题

①马五进七　将4进1

②炮一进二　马3退4

③车二进三　士5进6

④车二平四　象3进5

⑤车四退四　象5退7

⑥车四进四　象7进5

⑦车四退一　象5退3

⑧车四平六　将4平5

⑨车六平五　将5平6

249

⑩ 车五平四

第9题

① 马四进三　将5平6
② 炮二平四　马5退6
③ 炮四退四　士5进6
④ 车一平四　车5平6
⑤ 炮四进四　车1平6
⑥ 车四进一　马2进4
⑦ 车二平六　卒5进1
⑧ 帅四平五　将6进1
⑨ 车六进四　将6退1
⑩ 车四进一

第10题

① 炮五平一　卒5进1
② 帅四进一　卒4平5
③ 帅四进一　士4退5
④ 马三退四　将5平6
⑤ 炮七进一　将6退1
⑥ 炮七平四　士5进6
⑦ 马四进六　士6退5
⑧ 炮一退二　士5进4
⑨ 帅四平五　炮9进2
⑩ 炮一平四